組織の社会技術――5

職業的使命感のマネジメント

ノブレス・オブリジェの社会技術

著●岡本浩一・堀洋元・鎌田晶子・下村英雄

新曜社

まえがき

企業や組織の安全性、倫理性、社会性を考えるとき、ひとつのキーワードが「職業的使命感」である。もっとも高揚した形では、職業的使命感はノブレス・オブリジェ（高邁な義務感）と呼ばれる。しかし、高邁で、聖職者や巨大公営組織のトップが持ちうるものだけが職業的使命感ではない。さまざまな職業のさまざまな人たちが、それぞれの持ち場と役割に応じて、自分の貢献と責任を内面化したとき、それが職業的使命感となる。職場の多くの人が適切な職業的使命感をそなえるようになれば、職場の仕組みのスキをつこうという傾向がなくなり、組織の社会性が安定するのである。

本書は、どのような人の職業的使命感が高く、どのような人の職業的違反行為が低いかについて、職種、職位、組織内市民行動、組織風土などの観点から分析することによって、職業的使命感を高める方略を探ろうとする立場で書いたものである。

したがって、ここでは、職業的使命感はマネジメントの目標として設定されている。それを目標として位置づけると、職位の構造、職種のあり方、職場の風土や価値観のあり方は、目標達成のための文化・環境要因とでもいう位置づけになる。職業的自尊心は、それら文化・環境要因のもとで職業的使命感を生み出す心理的個人差である。

従来の職業社会学では、職業威信が主要な分析対象であり、職業的自尊心は、職業威信が個人の心に投影した心理変数と理解されてきた。職業威信は、主として、職業ひとつひとつに社会が付与する望ましさの指標であり、ひとつの職業にひとつの職業威信が対応する。このように、職業威信がおおむね縦一列の配列を有しているので、職業的自尊心も縦一列の一次元の概念として了解されて来た。私どもは、それを基礎としながらも、社会心理学的的手法によって詳しい分析を行い、心理的個人差としての職業的自尊心は、二次元モデルが適切であることをつきとめた。その二次元を構成するのが「職能的自尊心」と「職務的自尊心」である。

ひとつの職業領域にも、さまざまな仕事がある。職能的自尊心は、難しい技能を要求される職業・職種に対応する職業的自尊心の一次元である。他方、職務的自尊心は、それぞれの仕事の社会的責任、社会的貢献度の自覚によってもたらされるものである。本書は、この二次元を主要なツールとして社会的使命感を構築しようという観点のもとで、研究を展開している。通常の社会調査と異なり、典型的なノブレス・オブリジェである消防官の重点調査が、職業的自尊心の二次元をくっきりと浮き彫りにしている。職業威信の理論レビューと、本書のモデル構築に先立つ多職業のサンプルにおける社会心理学調査が、本観点の普遍性の根拠となっている。

働き甲斐の創出と職場における違反行動の予防を視野に職位、職種を見直そう、整備しようという観点に必要な社会科学をコンパクトに纏める努力をしたつもりである。ご熟読をお願いする。

目次

図表リスト

装幀＝加藤俊二

序　章　社会技術としての職業的使命感研究

◆「組織の社会技術」シリーズ全体の構成と本書の位置づけ

本シリーズは、企業や組織の不祥事が生まれる社会心理学的メカニズムと、社会心理学的要因を用いた不祥事防止の方略（心理学的社会技術）を研究対象とした研究プロジェクトがもととなって生まれた。

ここに言う不祥事とは、ＪＣＯ事故、東電シュラウド傷不報告事例、食品会社による和牛偽装事件、種々の金融不祥事などを指す。これらの事例では、保安基準や業界規則、あるいは通常の社会規範に違背する行為だという認識がありながら、それぞれの現場あるいは組織のトップにおける意志決定のもとで、不祥事のもととなる行為が継続されていた。そのほとんどにおいて、トップのある程度積極的な指示・関与と、長期間にわたる隠蔽維持があったわけである。

われわれの研究プロジェクトでは、これを「組織的違反」と位置づけ、個人的違反と区別している。

個人的違反は、会社の資源を私的に流用して、違反者個人の利益をはかる違反である。これと異なり、組織的違反は、多くの場合、組織・職場の短期的利益向上のために、組織ぐるみで社会規範から逸脱する行為を指す。われわれの研究プロジェクトにおける実証データから、この二つは相関しない別個の要素であることがわかっている（したがって、個人的違反抑制のための社会技術と組織的違反抑制のための社会技術は異なる）。本シリーズは、後者の組織的違反抑制のための社会技術について体系的に解説することを目的としている。

本シリーズには、組織的違反につながる（a）会議手続きなど意志決定過程の問題、（b）組織的違反を生む「属人思考」の組織風土の問題、（c）組織的違反の指摘・修正のための内部申告・コンプライアンスの問題を取り上げて分析している各巻があるが、それらに対置して、本書では、職業的自尊心の分析についての研究成果を詳述する。それは、組織的違反の抑止因となりうる「ノブレス・オブリジェ」（高邁な使命感）が、職業的自尊心の影響下で形成されると考えるからである。

◆職業的自尊心

職業的自尊心は、これまで、職業威信の影響を強く受けると考えられてきた。職業威信は、社会学の概念である。第1章に、職業威信についての最新の研究知見をまとめたが、職業威信研究の展望を得るにはほぼ十分であろう。

この本で紹介する研究は、いわゆる「ノブレス・オブリジェ」を関心の中心に据え、職業的自尊心、組織風土、職業的違反、職業イメージ、職位、職場規模などの問題を総合的にかつ実証的に分析することを目的にしている。

この研究では、職業的自尊心について二次元モデルを採用した。職務的自尊心と職能的自尊心の、二つの次元である。この二次元モデルが妥当であろうことは、本書で報告している調査に先立つ別の社会心理学調査で、すでに確認していた。特に、高度技術の職域（たとえば原子力関連など）で、かつ、社会的なマイナスのイメージである職業的スティグマ（烙印）のある職域におけるノブレス・オブリジェを分析しようという場合、論理的にも、職業的自尊心について二次元以上の次元数のモデルが必要なことは明らかであろう。

◆研究のデータについて

ノブレス・オブリジェを分析主眼にするため、早い時期から、消防、警察、防衛などの職業における重点調査を念頭においていた。目的を視野に入れた場合、今回の社会心理学調査の調査対象者として適格な条件は、次のようなものであろうと考えられる。

（1）パブリック・サービスの職業であること。すなわち、営利を主とする職業でないこと。
（2）パブリック・サービスの職業であることが、社会的に広く合意されていること。
（3）極端に高収入でないこと。

（4）パブリック・サービスのために、ふだんから鍛錬・研修などの恒常的負担があること。
（5）社会的威信上は同一とみなされる職業であるが、心理的には多様な調査対象者が含まれていること。
（6）その職業の最前線だけでなく、事務的支援をする部署のデータもとれること。
（7）職業的スティグマがないこと。

上記の（1）から（4）の条件は、ノブレス・オブリジェに特化した分析をするために必要な条件であまり議論の余地もないだろう。

本研究のように職業的自尊心の構造を、ノブレス・オブリジェや職業的違反などとの関連で分析しようという場合には、職業的自尊心に強い影響をもつことが予想される職業威信の影響が混濁因としてはたらく。そのため、職業威信の変動がないデータが望ましい。変動がないためには、全体がほぼ同一職業とみなされていればそれがいちばん望ましい。それが（5）の条件が必要な根拠である。

現場で最前線の仕事をする人は、仕事の直観的な手応えによって、やり甲斐や達成感を感じる機会が多いので、ノブレス・オブリジェの感覚を維持することも比較的容易である。仕事の内容が後方支援や事務・行政である場合には、そのような直観的な手がかりが乏しい。それだけ、職業的自尊心などの影響のもと、相対的には抽象的な形で職業観を形成・維持することになる。社会心理学的モデルとしては、このような場合の重要性も低くないので、（6）の「事務的支援の部署のデータもとれること」の条件が必要となる。

さらに、（7）の「職業的スティグマがない」ことも、今回のように理論的関心が高い研究では必要度が高い。たしかに、ここで関心の中心においている不祥事は、どちらかというと、スティグマのある職業で多発している傾向がある。原子力関連の職業は、科学的に高度な仕事であるが、万人が進んで選ぶ職業であるわけではないというスティグマももっていることは、容易に直観できる。金融不祥事も、どちらかというと、銀行よりは証券会社やノンバンクなど、若干のスティグマが考えられる職域で多く起こっている。そのように考えてくると、スティグマのある職域で、職業的自尊心とノブレス・オブリジェと組織的違反の関係を分析できることが必要である。

しかし、本研究で分析の対象としている多くの測度が、社会心理学、産業心理学ではまだ新しい概念測度である。特に、職業的自尊心の二次元モデルは、本研究ではじめて世に問う新しい視点である。その新しい変数がノブレス・オブリジェや組織的違反をどのように規定しているかを吟味するためには、まず、中心概念であるノブレス・オブリジェについて、なるべく混濁要因のないデータが必要である。職業的スティグマのある職業での分析は第二段階として、まず第一段階では、上記（1）～（7）の条件のそろった職業的スティグマのないサンプルで、できるだけ包括的に、そして、できるだけ高い回収率（サンプルがノブレス・オブリジェの高い人々や低い人々に偏らぬため）でデータを採取することが必要である。

この（1）～（7）を前提にすると、自衛官の職業領域は不適切と判断される。それは、自衛官という職業の社会的位置づけについて社会的合意が不安定であるために、（2）と（7）の条件が適格とならないからである。

同様に、警察官も、この段階のサンプルとしてはやや不適切と判断される。それは、調査実施時期以前から調査実施時期にかけて、警察の種々の不祥事が報道されたり裁判の対象となったりし、(2)と(7)の条件が不適格となったからである。

本研究のデータの対象が消防官になっているのはこのような視点からであって、われわれの関心が消防官の職業意識に限定されているわけではない。

われわれの研究関心は、あくまで、職業的自尊心の構造、ノブレス・オブリジェの心理学的記述、そしてそれらが職業的違反をどのように抑制するかにある。われわれは、ノブレス・オブリジェが特定の職業でのみ存在すると考えているわけではない。また、消防官なら、誰もがそのような心構えで職業に臨んでいると考えているわけでもない。職業的自尊心やノブレス・オブリジェは心のもちようの問題であり、私企業にも、また、零細な企業にも、役所にも、またいわゆる下請け・孫請けの法人にも、高邁な使命感を心に宿して営々と職にとりくんでいる人が多くいらっしゃると考えている。ただ、職業的自尊心、ノブレス・オブリジェ、職業的違反行動、そのほかの職業に関連した心理的変数の相互の関係を典型的に見るために、消防職員という職域の中で広範なデータを精査することが、第一段階としては有益であると判断したのである。

◆本書の成り立ち

職業威信は、社会学、産業社会学で長く研究対象とされてきた課題である。われわれのモデルはその蓄積の上に成立しているという面があるため、その分野の主要な知見を第1章にまとめた。この章は本書の導入として必要であるだけでなく、職業社会学への適切な入門となっている。

第2章から4章までは、本データの詳細な分析である。これらの章をご覧くだされば、われわれの職業的自尊心のモデルの多様な相が、わりあいきれいに実証されていることを実感していただけるものと考える。これらの分析は、人間の自己概念にとって職業というもののもつ心理的な重要さを、さまざまな角度から明らかにしている。職業を広く考えていただく道程になっていると同時に、このモデルを全職業の分析に拡張していくときの思考のひな型になっている。

第5章では本シリーズ『属人風土の心理学』の主題である属人風土との関連を取り上げ、最後の第6章で、このデータがもっている職業心理学的な意義を簡単にまとめた。

第1章　職業威信の先行研究

◆職業威信と職業威信スコア

職業威信に関する研究は、従来、主に社会学の領域で社会階層論との関連で行われてきた。「職業威信とは何か」という定義については、原（1999）や太郎丸（1998）に詳しい。それによると「威信」とは、厳密には、シルズ（Shils, 1968）が述べる「尊重される資格（deference-entitlement）」のことであり、そのために人々から名誉を受け、敬意をもたれ、「社会的影響力を行使できる（原 1999）」ということになる。したがって、職業威信が高いとは、ある職業が人々から名誉を受け、敬意をもたれ、その結果として社会的な影響力をもっているということを意味する。しかし、一般には、職業威信はもう少し広く解釈されており、漠然とある職業の「良さ」「望ましさ」という意味で捉えられていることが多いとされる。

職業威信は、日本で１９５０年代から定期的に行われてきた有名な大規模調査であるＳＳＭ（社会階層と社会移動）調査で継続して取り上げられている。この調査では、特殊な計算によって「職業威信スコア」といったものが算出される。この職業威信スコアは、1995年のSSM調査では以下のような質問文で測定された回答をもとにしている。

ここにいろいろの職業名をかいたカードがあります。世間では一般に、これらの職業を高いとか低いとかいうふうに区別するようですが、いまかりにこれらの職業を高いものから低いものへと順に5段階に分けるとしたらこれらの職業は、どのように分類されるでしょうか。それぞれの職業について「最も高い」「やや高い」「ふつう」「やや低い」「最も低い」のどれか1つを選んでください。（矢原 1998）

こうした教示文に示されるとおり、職業威信を何らかの形で測定しようとした場合には、調査対象者にわかりやすいように、大まかに職業を「高い―低い」「良い―悪い」といった観点から分類してもらったり、評定してもらうこととなる。つまり、職業威信のいわば操作的な定義は、世間一般の人々の職業に対する全般的な高低の意識として理解することができる。原（1999）が述べるように、SSM調査における職業威信スコアは「人々のさまざまな職業に対する総合的な格付けの程度」といった意味あいをもつ。

このように測定された職業威信スコアは学歴（r＝.42）、所得（r＝.40）、財産の有無（r＝.37）、余暇行動の程度などの生活様式（r＝.20）、階級帰属意識（r＝.20）など、さまざまな社会的地位変数と相関が高いことがわかっている（直井 1979）。これらの結果をふまえて直井（1979）は、職業威信スコアは、たんに職業威信だけを測定しているのではなく、むしろ、社会的地位を総合的に測定したもの

表1-1　職業威信スコアの年代推移の例

	1955年	1975年	1995年
大学教授	91	84	84
医師	84	83	90
市役所の課長	75	60	57
土木建築技術者（建築・土木技術者）	71	63	72
小学校の教諭（先生）	70	63	64
寺の住職	65	59	60
警官（警察官）	57	54	58
会計事務員	55	49	53
鉄道の駅員	52	45	48
小売店主	47	49	51
大工	43	45	53
理容師（理髪師、55年）	42	45	50
自動車修理工	42	43	47
保険の勧誘員	42	35	44
指物師（家具職人）	41	43	52
自動車運転手（者）	41	41	49
印刷工	40	38	44
漁業者（漁師）	37	36	47
商店の店員	37	36	42
パン製造工	34	37	45
紡績工	34	33	42
行商人（行商人、呼び売り人、露天商人）	28	28	42
採炭工（採鉱員、採炭員）	24	28	37
運搬人（運搬労務者）	24	27	39
道路工夫	24	27	39

※直井・鈴木（1978）、都築編（1998）を参照して作成
※かっこ内は調査時点で職業名の異なるものを表記した。

として解釈できると述べている。こうして職業威信スコアは、社会的経済的地位の便宜上の代理指標として解釈され、社会階層研究で重要な指標として用いられている。

その他、1995年のSSM調査による職業威信に関する報告書では、職業威信に関するかなり詳細な検討がなされている。詳しい内容については、是非、都築編（1998）を参照していただきたい。

これまでにSSM調査で測定された職業威信スコアの主だったものを、年代ごとに表1－1にまとめた。表1－1から、年代を経てほとんど序列が変化しないなか、職業威信が高い職業はそのスコアを減らし、職業威信が低い職業はスコアが増大していることが読みとれる。

◆職業威信スコアの安定性

職業威信に関しては「職業に貴賤なし」という言葉が思い出される。この言葉の常識的な解釈は、職業に良い悪いはないというものである。

しかし、尾高（1970）は、「『職業に貴賤上下の別はない』という言葉が存在理由をもつのは、むしろ各職業の間に何らかの社会的評価の差別が存在することの証拠である」と述べる。同様の趣旨のことは間淵（1998）も述べている。「職業に貴賤なし」という言葉は「現実には職業に貴賤があることを示唆するものである」とし、「さもなければ、わざわざ『職業に貴賤なし』と言う必要がない」としている。

実際、職業威信に関する先行研究では、人々が職業に対して思い抱く序列には格差があり、その格差はきわめて固定化していることが示されてきた。たとえば、職業威信の序列は、国、人種、性別、世代を超えてほとんど変化せず、きわめて安定しており（原 1999; 元治・都築 1998; Treiman, 1977）、評定者の居住地域、年齢、教育、従業上の地位、職業、個人所得にかかわらず、職業威信スコアの評定はほぼ一致していることも示されている（直井 1979）。また、トライマン（Treiman, 1977）は、60ヵ国のさまざまな職業の威信に関する85の調査を再分析した結果、ほぼ60ヵ国すべてで、国内の職業プレステッジの順位と職業プレステッジの国際尺度との間に、0・87以上の高い相関係数を観察している。

職業威信スコアの安定性について、原（1999）は、「戦後日本社会は、職業分布が大きく変化し、学歴水準と所得水準も大きく向上した。しかしながら、職業と学歴および所得の結びつきかた、つまり学歴水準および所得水準に関する職業間の序列は、ほぼ変化してないといってよい」と述べ、これが職業威信スコアの序列が変化しない理由であるとしている。その上で、ある程度、社会が複雑になれば、社会が存立するために必要となり、専門分化してくる職業は基本的に共通しており、そのため国によらず職業威信が安定するといったトライマンの見解を紹介している。

◆「職業威信」に関する心理学的研究

職業ステレオタイプ研究

心理学では、どのように職業威信は研究されてきただろうか。

職業威信研究は、本来、社会階層論として研究されてきた。したがって、太郎丸（1998）が述べるとおり、職業威信を個々人のばらばらな職業評定の単なる集計と見るのではなく、個人の職業評定の背景にある社会階層を議論の対象とするのが基本的な問題意識である。

職業威信に関する心理学的な研究も、その点について異なる見解をもつものではない。しかし、社会心理学的なアプローチでは、方法論的な個人主義の観点から、主に、社会階層構造の表象が個人の意識にどのように捉えられており、どのように社会的行動に影響を与えるのかに問題関心が向けられてきた。

先に示したとおり、職業威信スコアの序列は、国を超え時代を超えて、ほとんど違いがない。職業の序列が社会的に十分に共有されているとすれば、職業には一定のイメージがともなっており、そのイメージは固定化し、高度にステレオタイプ化していることが考えられる（Glick, Wilk & Perreault, 1995）。そこで心理学では、職業威信の問題を、職業ステレオタイプ、または職業イメージの問題として考えてきた。

たとえば、有名な職業ステレオタイプ研究として頻繁に引用されるのは、コーエン（Cohen, 1981）の実験である。この実験では被験者に一人の女性の行動をビデオで見せる。その際、被験者は前もって、その女性が「司書」か「ウエイトレス」のどちらかであると説明されている。ビデオを見た後、被験者は女性のどのような行動を覚えているかを聞かれる。その結果、女性が「司書」であると説明された被験者は、「本を読んで過ごした」「クラシック音楽」「歴史の本を贈り物で受け取る」など「司書」と関連が深いと予想される特徴を多く再生し、一方、「ウエイトレス」と説明された被験者は、「本棚なし」「ポップミュージック」「恋愛小説を贈り物で受け取る」など、「ウエイトレス」と関連が深いとされる特徴を多く再生した。どちらも同じビデオである。

通常、この実験の解釈は、前もって特定の職業名が提示されると、その職業に関連する認知的な枠組みが活性化され、ビデオを見る際の情報の取捨選択が行われるという点に重点が置かれる。しかし、職業威信との関連では、この実験が専門的職業である「司書」とサービスの職業である「ウエイトレス」との間に、職業威信の序列があることを前提としていることが重要となる。つまり、この実験は、職業威信の序列が日常生活におけるわれわれの人物情報処理に与える影響を検討した研究としても解釈できるのである。日々の細かな判断によって、職業威信による序列は確証され、補強されていることの傍証であるとも言えるだろう。

ジェンダー研究

心理学では、ジェンダー研究においても女性が就業している職業威信の問題が検討されてきた。繰り返し述べるとおり、職業威信にはきわめて高い安定性があり、男女でも、職業威信の判断に特に違う点はない。にもかかわらず、実際に威信の高い職業には男性が多く、「大多数の女性が低賃金で相対的に低地位のサービスの職業、事務的職業、販売の職業に就いていることが多い（Etaugh & Poertner, 1991）」。この点が、基本的な問題関心となってきた。

グリック（Glick, 1991）は、職業ステレオタイプと「男性」「女性」の職業に付随する威信との関連を検討した。その結果、男性的であると評定された職業のほうが威信が高いことが示された。ただし、他の変数を統制した場合には、女性的であると評定された職業も職業威信が高くなった。またグリックら（Glick, Wilk & Perreault, 1995）は、代表的な職業名100個を提示し、各職業についてその属性を評定してもらった。その結果、職業の属性は「威信」「ジェンダータイプ」「年齢」「コミュニケーション」の4次元に集約された。さまざまな職業が「威信」と「ジェンダータイプ」の2次元によって布置されたが、そのうち威信は知性／教育の要因、および男性的な特徴の要因によって約9割が説明された。

エトーとペルトナー（Etaugh & Poertner, 1991）は、従来の研究では、中程度以上の職業威信の専門的な職業で働く女性に焦点が当てられることが多かったとして、より威信の低い職業で働く母親を研究対象とした。威信の低い職業で働く母親は中程度の威信の職業で働く母親よりも、より有能でないと評定される傾向が示された。ただし、職業の威信よりも、現在の就労の有無、離婚の有無などのほうが影響が大きいことが示された。

アセイとオータロウマ（Athey & Hautaluoma, 1994）は、人事部の代表者61名を対象に、教育レベルの異なる応募者を評価させた。その結果、大卒者は高地位の仕事、男性ステレオタイプ的な仕事に推薦する傾向があり、高卒者は低地位の仕事、女性ステレオタイプ的な仕事に推薦する傾向が見られた。

要するに、これら一連の研究では、男性的であると評価されやすい職業、職業威信の高さ、教育水準の高さが暗黙に結びついていることを実証していると言える。類似の研究結果を示したジェンダーと職業威信に関する研究は多い（Croxton, VanRensselaer, Dutton & Ellis, 1989; Kanekar, Kolsawalla &

Nazareth, 1989; Kanekar, 1990）。研究の力点は、これら一連の結びつきがバイアスがかかった認知であり、十分な妥当性をもっていないことに置かれている。

職業選択研究

子どもや若者がどのように職業を考え、どのように職業を選択するのかに関する職業選択研究の分野も、職業威信を直接取り扱ってきた。

たとえば、ゴットフレッドソン（Gottfredson, 1981, 1996）は、職業選択は、子どもが成人に至るまでの発達の過程で受け入れられない職業を排除していき、考慮すべき職業を制限していく過程であるとする。子どもは発達の過程で、職業を、（a）ジェンダー、（b）職業威信、（c）職業興味（＝職業領域）の三つの要因で考慮し、取捨選択する。ジェンダーは6歳から8歳の早い段階で職業選択の基準となる。その後、職業威信は9歳から13歳頃に職業選択の基準となり、職業興味の基準はその後となる。9歳からの時期に職業威信が重要な基準となるのは、このくらいの年代から各自のパフォーマンスの優劣が明確になり、そうした優劣と職業が結びつけられて理解されるからだとされる。学業成績の良い子は、高学歴を要する職業を希望し、スポーツが得意な子はスポーツに関する職業を希望するようになる（下村 2005）。この理論は実証研究も多く、理論もおおむね支持されている（Blanchard & Lichtenberg, 2003; Leung & Plake, 1990; Heckhausen & Tomasik, 2002）。

また、職業威信に基づく職業判断の個人差の問題は、著名な職業心理学者であるクルンボルツ（Krumboltz, 1991）が「職業主義（occupationism）」の問題として提起している。クルンボルツ（1991）

は職業主義を「職業のみに基づく個人に対する差別」と定義し、人種主義（racism）、性別主義（sexism）、年齢主義（ageism）などと同様の社会的な問題であると述べる（Krumboltz, 1991）。カーソン（Carson, 1992）は、クルンボルツ（1991）を受けて、職業主義は職業威信との関連をより明確にすることによってより厳密に定義できるとした。特にカーソン（1992）は、職業主義の特徴として「差別性（Discriminability）」「因果性（Consequentiality）」「不当性（Unjustifiability）」の3点を指摘した。すなわち、おおむね普遍的な職業威信の序列に基づいた職業の相対的な地位に対する判断であって（差別性）、個人の利益に有益かまたは有害であるという因果関係をもち（因果性）、仕事の内容に関して十分な知識がないこと（不当性）が「職業主義」の特徴であると述べる。ただし、クルンボルツ（1992）は、職業威信の序列に基づいて判断するか否かにかかわらず、職業を判断の基準とする傾向がそもそも問題であるとする趣旨の反論を行い、職業主義を「過去、現在、将来の職業に基づいて個人の特性や価値を判断すること」と再定義している。この点については、たんに職業に基づく判断が問題なのではなく、職業が何らかの次元で格付けされ、結果として差別的な判断がなされるのが問題なのであり、やはり職業主義を問題にするにあたっては、職業威信との関連で定義づけるべきであろう。

◆主観的な職業威信――職業に対する「誇り」研究

ここまで見てきたように、ＳＳＭ調査が蓄積してきた職業威信に関する研究は社会階層研究と直結するものであり、社会経済的地位の代替指標として考えられてきた。職業威信は、社会の側に厳然と存在するものであり、きわめて安定し、固定した職業に対する格付けの意識であった。職業威信に関する従来の心理学的な研究も、こうした安定的・固定的な職業威信があるということを前提に、この客観的な格付けとしての職業威信がどのように個々人の心理面に影響を及ぼすのかを検討してきたと言ってよい。

しかし、職業威信は、個人にとって受け止められ、意味づけられるのであり、さらに別の位相で問題にできるのではないだろうか。

たとえば、同じ収入で、同じ威信の職業に就く両者のうち、片方は自分の職業を高く評価しており、もう一方は低く評価しているということも十分想定できる。どのような職業も、十分に産業化した社会の中で高度に分業が進んだ結果生じたのであり、どんな職業にも不可欠な社会的役割がある。つまり、どのような職業も必ず何らかの社会的な使命を果たしているのであり、そのことで職業に就く個々人は社会的な貢献をなしうる。この点をどの程度重く考えるかによって、自分の職業に対して感じる主観的な職業威信は異なると考えられる。

そして、「職業に貴賤なし」ということの本当の意味は、ここにあると考える。実際に安定的・固定的な職業威信が社会の側に厳然とあることを取り繕うために「職業に貴賤なし」と言われているのではないであろう。むしろ、心理学的にはより積極的な意味があるのではないだろうか。普遍的で安定的な職業威信の序列を、どのように意味づけし、どの程度、重要な判断基準として用いるかには個人差があるのであり（Carson, 1992）、どのような職業であれ、自らの職業が果たすべき社会的使命に共感し、誇りをもって職務に当たれば、本人の主観的な意味づけの中では、尊い職業にもなりうる。一方、どれほど威信の高い職業に就いていようとも、自らの職業を蔑み、自らの職業の誇りを汚すようなことをすれば、それは、やはり自らの職業を卑しめていると言わざるを得ない。

以上の考え方から、職業威信にはいわば客観的・主観的の二つの様相があるということが言える。客観的な職業威信とは、社会階層論と密接な関連のあるきわめて安定的・固定的な客観的な構造としての職業威信である。一方、主観的な職業威信とは、客観的な職業威信と関連しながらも、概念上は独立に想定しうるもので、その職業が本来果たすべき職責・使命・職務といったものとの関連で定義される。個々人が自らの職業に対して感じる思い入れ、「誇り」といった意識として定義することができるであろう。

この主観的な職業威信は、客観的な職業威信と、実際上はゆるやかに連関しながらも、理屈の上では独立しているという点は、特に強調する必要がある。この主観的な職業威信の独立性こそが、どんな個人も自らの職業に対して誇りを感じることを可能にする。客観的にどれほど低い威信の職業であろうと、個人は自らの職業の使命との関わりで「誇り」を感じることができる。逆に、どれほど高い威信の職業であっても、自らの職業の使命を蔑ろにし、職業倫理を欠くようなことがあれば、それは「誇り」高く職業を全うしているとは言えないであろう。

すなわち、その職業の善し悪しではなく、それとは理論上独立して、職業に対する「誇り」を考えられるということが重要である。そして、この主観的な職業威信が客観的な社会経済的な構造とは独立して想定できるということこそが、実際の職業行動にまつわる問題を考える際にきわめて有益な視点を提供するのである。

たとえば、いかんともしがたい組織の風土や体質がある。組織的に不正を行っていたり、法律を破っている場合がある。通常、人は、そうした組織体質をやむを得ないものとして受け入れてしまっている。しかし、さまざまな社会経済的な事情とはまったく独立に、自らの職業の使命との関わりのみで主観的な職業威信を定義できるとなれば、ここにわれわれは、組織の縛りから離れて、誇り高く職務を全うできるとする理論的な根拠を見出すことができるであろう。自らの職業に対する「誇り」といった考え方が、今よりももっと大切な概念として世間に受け止められれば、未然に防げるさまざまな不正や社会問題があると信じる。

客観的な職業威信とは独立に、職業固有の職責や使命との関わりのみで定義される主観的な職業威信は、組織ぐるみの不正や問題を考えるにあたって、きわめて有益な視点を提供するのではないだろうか。

◆職業に対する「誇り」に関する先行研究

実際に、主観的な職業威信「誇り」は、どの程度、ふだんの職業生活に関連しているのであろうか。これまでに、主観的な職業威信が実際の職場で何らかの役割を果たしているらしい可能性がうかがえるデータが若干示されているので、少し紹介したい。

まず、下村・木村（2000）では、製造業3社、非製造業1社で働く212名を対象に仕事や職場の快適感に関する多岐にわたる100項目をたずねた。その中には、「今の職場やこの仕事の一員である

表1-2　職場や仕事に対する誇りと相関が高い項目

上司や同僚と気軽に話ができる	.501
この職場にいれば、永久に安心して働けると思う	.489
この職場では、上司が部下と気兼ねのない関係にある	.488
上司は、部下の状況に理解を示してくれる	.474
重要な意思決定で、遠慮や気兼ねなく意見が言える	.470
この職場では、従業員を育てることが大切だと考えられている	.466
この職場の人達は、十分に信頼しあっている	.459
上司は、部下のキャリア形成に関心を持ち、指導・育成している	.456
職場では、みんなで意見を出し合ったり、助け合っている	.451
この仕事をしていけば、将来は明るい	.450

※r>.450を掲載

表1-3　「社会とのつながり」主成分に負荷の高かった項目

	第5主成分
自分の仕事は、よりよい社会を築くのに役立っている	.686
自分の仕事が、社会と繋がっていることを実感できる	.667
自分の仕事は、世間から高い評価を得ている	.648
自分の仕事に関連することが、新聞やテレビによくでる	.511
今の職場やこの仕事にかかわる一員であることに、誇りに思っている	.420
説明率	6.0%

ことを、誇りに思っている」という項目が含まれていた。この「職場や仕事に対する誇り」と、他のどのような職業意識が関連しているかを検討した結果、表1-2のような結果が示された。表1-2からは、職場や仕事に対する誇りが、上司や同僚との関係の良好さと密接に関連していることがうかがえる。

これと同様の項目を、さまざまな事業所で働く20～50歳代までの2075名を対象にたずねた調査を分析した結果（主成分分析）、「今の職場やこの仕事にかかわる一員であることを、誇りに思っている」の項目は、「自分の仕事は、よりよい社会を築くのに役立っている」「自分の仕事が、社会と繋がっていることを実感できる」「自分の仕事は、世間から高い評価を得ている」など、自分の仕事を通じて「社会とのつながり」が意識できるといった内容の項目の主成分に負荷が高かった（表1-3）。職場や仕事に対する誇りは、企業や組織内部だけに止まらず、自分の働きを通じて広く社会とつながっているという感覚と類似した意識である可能性も考えられる。

本書の第2章以下では、消防職員の「誇り」について詳細を検討していく。こうした特定の職業における「誇り」が、職業行動に具体的に影響を与えるということがあるのだろうか。この点については、看護職に関して若干のデータがある。

松下・木村・下村（2002）は、全国50の医療機関に勤務する看護職者1805名を対象に、看護職者の職場環境に対する意識を下村・木村（2000）と同様の項目を用いて測定した。このデータでは、現在、自分が勤めている病院では事故が起こりやすいか否かをたずねている。実際の事故発生の状況の客観的な指標とは言いがたいが、職場内での事故の多さを示す代替的な指標として解釈可能であると

表1-4　看護師データによる「事故の起きやすさ」を規定する要因

	最近事故が起きやすいか
職場や仕事に対する誇り	−.072**
勤務先の病床数	.000
年齢	.005
職歴年数	.005
夜勤回数	.009
学歴（vs. 3年制看護師養成所）	
准看護師養成所	.070*
2年制看護師養成所	.046
看護短大・大学他	.069
勤務形態（vs.三交代制）	
二交代制	.065
その他	.082
（定数）	.157

※数値は標準偏回帰係数
※$**p<.01$； $*p<.05$

思われる。最近の事故の起こりやすさに対して、どのような要因が影響を与えているかをダミー変数を用いた重回帰分析によって検討した結果、「職場や仕事に対する誇り」が統計的に有意な影響を与えていた（表1-4）。他の解釈も可能な結果であるが、誇りをもって働けるような職場であることが事故の発生のしにくさに結びついている可能性がうかがえる。

以上、これまでに収集した簡単なデータからも、主観的な職業威信である「誇り」が、さまざまな要因と関連し、職業行動に影響を与えていることがうかがえる。ただし、ここで挙げたデータはすべて他の目的でとられたものであり、主観的な職業威信に関しては、より本格的な検討が必要となる。本書の「消防職員」の職業意識の詳細な分析はこの文脈で位置づけられる。

◆まとめ――主観的職業威信の研究に向けて

従来、職業威信は社会学的な観点から検討がなされてきた。職業威信は、国、性別、世代によってほとんど変化せず、きわめて安定している。評定者の居住地域、年齢、教育、職業、個人所得によってもほとんど変化がない。職業威信を心理学的に検討した先行研究も、こうした客観的な職業威信が個人の意識や行動に対してどのような影響を与えているかを、主に職業ステレオタイプ、ジェンダー、職業選択などの個別領域で検討してきた。

こうした研究状況のなか、本章では、先行研究で扱われてきた客観的な職業威信とは独立に「主観的な職業威信」といったものが想定できること、そして、そうした自らの職業に対する「誇り」といったものが、社会の不正や問題を防ぐ上で重要な概念となりうることを若干のデータで示した。

ここでもう一度、今後の研究に向けて、主観的職業威信の概念を整理しておくことにしよう。この概念は、基本的には、各職業が本来もっている職責や使命との関連で定義される。たとえば、看護師であれば、看護師が本来なすべき職責・使命がある。こうした職責・使命をどの程度、重く考えるには個人によって差がある。したがって、主観的な職業威信である「誇り」は個人差として測定することが可能となる。そして、この「誇り」は各個人の職業行動に多側面に影響を与えると考えられる。

また、この主観的な職業威信である「誇り」は、概念上は、客観的な職業威信と独立していることも重要である。本章で見てきたとおり、客観的な職業威信はさまざまな社会経済的要因と密接に関連していた。しかし、主観的な職業威信は、職業と個人の関わり以外の客観的な変数とは独立に存在していると定義され、いわば本人の「思い」として測定される。このことが、社会経済的要因にがんじがらめにされた個人を、正義や誠実さに向けて解き放つ根拠を与える。

したがって、後続の章で詳しく検討するが、この主観的な職業威信である「誇り」が、必ずしも単一の次元でのみ各個人に感じられているのではない可能性は理論上も実際上も重要である。これは、各職業が本来なすべき使命の源泉に、もともといくつかのタイプを想定できるからである。たとえば、人が自らの職業の何に「誇り」を感じるのかには、いくつかの側面があることであろう。心理学的な観点から主観的な職業威信を考えるにあたっては、この点もきわめて重要になる。基本的には単一次元として定義される客観的な職業威信とは独立の、主観的な職業威信としての「誇り」概念の独自性があると予想されるからである。これは、後続の章で繰り返し検討することになる、きわめて重要なポイントである。

第2章　消防という仕事と調査の概要

本書の中核となる消防官に対する社会心理学調査は、職業的自尊心と組織風土が違反経験を抑止する機能をもっていることを実証することが目的である。また、それにともない、職場の大きさ、職位などがそれらの要素にどのような影響をもつかも調べたい。

消防官という社会的使命の強い職業人を対象者に、すべての職種、すべての職位において満遍なく回答が得られたデータはその意味で貴重である。第3章、第4章では、この社会心理学調査から得られた知見を広く概観する。

◆消防官という職業

調査の詳細に入る前に、消防官という職業について、ただしい認識をもっていただくことが必要である。

消防官は全国に約15万人いる。消防の組織（○○市消防局や△△市消防本部と呼ばれる）は基本的に自治体単位で900設置されており、人口に応じて職員数などの規模が異なる。概して人口が多い自治体ほど消防本部の人数が多く、人口の少ない自治体ほど消防本部の人数は少ない。今日では、地域の消防力を高めるため、近隣の消防本部が「合併」する広域消防本部もある。消防本部は本部と署に分けられる。

消防の仕事は現場に関するものとデスクワークがある。消防の仕事として誰もが頭に浮かべるのは、火災現場で消火活動をしているシーンだろう。または、急病人を搬送する救急車かもしれない。しかし、消防の組織はこのような現場部門だけではない。事務仕事に携わるデスクワークの消防官もいる。本部の部署には「警防」「予防」「総務」という部署があり、この三つが消防組織の中核をなしている。警防は、消防・救助・救急を含む警防業務の統括を行う部署である。予防は、防火建築物への査察指導や火災予防講習、自主防災組織に対する指導を行う部署である。総務は、一般企業や自治体の部署と同様に職員の人事や福利厚生や予算の執行管理などを行う。これらの部署は夜勤などを含まない毎日勤務である。

一方、署には上記部署および、警防業務として「救助隊」「救急隊」「消防隊」が組織されている。これらの部署は、主として24時間勤務の交代制である（消防本部によって二交代制、または三交代制と、異なる）。救助隊は、火災や交通事故などの災害現場で人命救助を行う。いわゆるレスキュー隊である。救急隊は、突発的な事故による負傷者や急病人を病院へ搬送する。そして、消防隊は、火災現場での消火活動を行う。

消防官（消防吏員）の階級は、消防組織法によって定められている。階級の高い順に、消防総監、消

表2-1　消防組織の階級と職位

階　級	職　位
消防総監	特別区の消防長
消防司監	人口50万以上の消防長、局長クラス
消防正監	人口30万以上の消防長、本部長クラス
消防監	人口10万以上の消防長、次長、消防署長クラス
消防司令長	上記以外の消防長、副署長、課長クラス
消防司令	分署長、出張所長、大隊長、課長補佐、係長クラス
消防司令補	中隊長、はしご隊長、救急隊長、主任クラス
消防士長	小隊長、副主任クラス
消防副士長	隊員、係員クラス
消防士	隊員、係員クラス

河合塾ライセンススクール（2004）を参考にして作成。
本書では、消防組織に関わる職業に従事する人々を「消防官」と呼ぶ。

防司監、消防正監、消防監、消防司令長、消防司令、消防司令補、消防士長、そして消防士である（なかには消防士長と消防士の間に消防副士長を置くところもある）。いわゆる「消防士」とは、職業名ではなく、消防組織での階級のひとつなのである。

階級は、必要な勤続年数を満たせば昇任試験を受けることができる。しかし、消防本部によっては昇任試験がないところもあり、その場合、主として年齢や経験年数によって階級が上がっていくしくみになっている。

本書では、消防組織にかかわる職業に従事する人々を「消防官」と呼ぶ。

階級は職位と完全に対応しているわけではない（表2-1）。かりに階級が同じであっても、消防本部の規模によって職位が異なる。たとえば、消防本部でトップの職位は消防長だが、消防本部が置かれている市町村の人口規模によって階級が異なる。人口50万以上の都市の消防長の階級は消防正監だが、人口10万未満の都市のトップは消防司令長という具合である。

階級は現場活動での責任の所在を明らかにするためのもので

あり、通常の業務では職位に基づいている。

◆職場における向社会的行動、反社会的行動

他者に利益をもたらし、社会的に好ましい影響を与える行動を向社会的行動（pro-social behavior）と呼ぶ。本書で分析に用いる組織内市民行動（organizational citizenship behavior）は向社会的行動のひとつである。

この概念を提唱したオーガンによる定義では、「従業員が行う任意の行動のうち、彼らにとって正式な職務の必要条件ではない行動で、それによって組織の効果的機能を促進する行動。（しかも）その行動は強制的に任されたものではなく、正式な給与体系によって補償されるものでもない（田中 2004）」とされる。ある組織において、従業員が報酬の範囲内で行うものが「職務」による行為であるとすれば、組織内市民行動とは従業員自身の報酬とは直接関連のない「職務以外」の行為であると言える。

一般的には organizational citizenship behavior の日本語訳を「組織市民行動」としているが、この叢書では組織内部における部分をより明瞭に表現するため、新しく「組織内市民行動」という用語を使用する。

一方、他者に不利益をもたらし、社会的に好ましくない影響を与える行動を反社会的行動（anti-social behavior）と呼ぶ。われわれのこれまでの研究で用いてきた職場における違反経験に関する尺度は、社会における反社会的行動を尺度化したものである。たとえば、上瀬・宮本・鎌田・岡本（2003）

が首都圏在住の成人男性を対象に行った質問紙調査では、職場における違反に対する態度について、以下の三つの尺度を作成している。

ひとつめは、「職場における違反容認の雰囲気」に関する尺度である。「組織的違反容認」「不正のかばいあい」「違反の排除」「個人的違反容認」の4次元で構成されている。二つめは、「職場における違反に対する抵抗感」に関する尺度である。「組織的違反の抵抗感」「個人的違反の抵抗感」の2次元で構成されている。そして三つめは、「職場における違反経験」に関する尺度である。これも前述の尺度と同様に「個人的違反経験」「組織的違反経験」の2次元構造である。本書では、これらのうち三つめの尺度、すなわち「職場における違反経験」尺度の項目を用いて検討した。項目内容は、基本的に上瀬他（2003）の項目をそのまま使用した。今回の研究では、消防官を対象としているため、あらかじめ該当しないと予想される項目が含まれていたが、改変や除外することなく使用した。

◆調査の概要

調査の概要は、表2－2のとおりである。

総務省消防庁消防課および各消防本部の協力が得られたので、高い回収率が得られた。これは、本データの信頼性に対する肯定的材料である。

表2-2　調査の概要

調査対象者

関東圏および関西圏の消防本部に勤務する消防官1934名に対して調査票への回答を依頼した。

所属部署および階級、役職、男女比を考慮した上で、各消防本部の職員数の3分の1を調査対象とした。

調査対象消防本部（地名の漢字2文字目をイニシャルで表記）

・関東圏

H（大規模消防本部）、C（中規模消防本部）、N（小規模消防本部）

・関西圏

T（大規模消防本部）、W（中規模消防本部）、O（小規模消防本部）

回収率

調査票の配布数は1934、回収数は1715だった（回収率88.7%）。

調査票

心理尺度に関する17の設問および個人属性（性別、階級など）に関する13の設問から構成されていた。

個人属性　※「不明」を含めて%を算出。

・年齢、男女比

平均年齢42.2歳（SD±10.3歳、範囲19～60歳）。男性1,650名（96.2%）、女性45名（2.6%）、不明20名（1.2%）

・最終学歴

高校983名（57.3%）、短大・高専・専門学校153名（8.9%）、大学547名（31.9%）、大学院4名（0.2%）、不明28名（1.6%）

・職種（重複回答）

消防隊868名（47.3%）、救助隊163名（8.9%）、救急隊252名（13.7%）、予防167名（9.1%）、総務156名（9.1%）、消防隊、救助隊、救急隊以外の警防144名（7.8%）、その他86名 4.7%）

・階級

消防士331名（19.3%）、消防副士長45名（2.6%）、消防士長618名（36.0%）、消防司令補460名（26.8%）、消防司令154名（9.0%）、消防司令長以上82名（4.8%）、不明25名（1.5%）

・職位

係員クラス805名（46.9%）、副主任クラス84名（4.9%）、主任クラス478名（27.9%）、係長クラス207名（12.1%）、課長クラス71名4.1%）、署長クラス7名（0.4%）、次長・部長クラス16名（0.9%）、消防長3名（0.2%）、不明44名（2.6%）

・職場

本部239名（13.9%）、署（本署・分署）698名（40.7%）、出張所744名（43.4%）、不明34名（2.0%）

・勤務シフト

毎日勤務335名（19.5%）、隔日勤務1,008名（78.3%）、不明56名（3.3%）

・配偶者

あり1361名（79.4%）、なし313名（18.3%）、不明41名（2.4%）

・最終学歴

高校983名（57.3%）、短大・高専・専門学校153名（8.9%）、大学547名（31.9%）、大学院4名（0.2%）、不明28名（1.6%）

・消防官以外の職歴

あり473名（27.6%）、なし1186名（69.2%）、不明56名（3.3%）

調査期間

2004年10月下旬～11月上旬に実施した。

調査手続き

各消防本部に調査票を一括して郵送し、各消防本部の担当者を通じて対象者に配布した。回答した各個人の調査票は厳封の上、消防本部ごとに一括して回収した（一部消防本部は個別に郵送で回収した）。

調査の趣旨と調査デザイン

職業的使命感、天職観と他の心理的特性の関係を調べるための調査母集団としてふさわしい要件は、（1）公益性が強く、地味な職業、（2）職業に対してアンビバレンスが低いと予想される職業、（3）職務内容に多様性のある職業、（4）怪我などの個人リスクのある職業で、かつ、高い回収率が望める職業である。

このように考えると、消防官のほか、警察、自衛隊、交通機関、電力産業などの職員が考えられる。このうち、自衛隊、電力産業（特に原子力）などの職業は、その職業への社会的評価に葛藤が予想されるので、今回の調査意図に適さない。交通機関も怪我などの個人リスクが強くないので調査意図に適さない。警察はこの条件にかなりよく合致することが予想されたが、調査のための交渉がうまく行かなかったことに加え、近年、職業にからむ不祥事が続いて報道され、アンビバレンスが生じている可能性も考えられた（交渉の不調の背景にもなっていたことが想像される）ので、消防官を母集団とする調査を実施することとした。

消防官は全国に配置され、大規模消防本部、中規模消防本部、小規模消防本部に分かれている。この規模の大小は、消防官の職業的自尊心、やり甲斐、使命感などに差を生んでいる可能性があるので、積極的に分析対象とすることとした。また、通常、職場における対人関係や組織風土に関東と関西の差異があり得ることが予想されるので、それも積極的に分析対象とすることにした。それらを考慮し、その他に実査への協力の得やすさなどを勘案し、調査対象とする職場を、2（関東・関西）×3（大規模・中規模・小規模）の6ヵ所とし、それぞれの職場でランダムに3分の1の消防官を調査対象者とした。その結果、調査票配布数1934に対して1715人から回答が寄せられ、回収率は88・7%であった。

年代別に職種を見ると、現場系の職種（消防隊、救急隊）は年代が異なっていてもあまり大きな違いは見られなかった（表2－3）。唯一、救助隊の割合は年代によって構成比が異なった。20代、30代において、職種の中で救助に占める割合が2割前後なのに対して、40代、50代では5%を切っていた。事務系の職種（予防、総務、隊以外の警防）は、年代が上がるにつれて職種に占める割合が高くなっていた。

表2－4は年代別に職場（勤務先）を比較したものである。本部には局（大規模消防本部にある）が含まれている。また署には本署および分署を含む。職場ごとに傾向を見てみると、本部には40代がもっとも多く、50代は他の職場と比べて少ない。署は40代、50代が職員数の3分の2強を占める。出張所は40代がもっとも多く、50代とあわせて約6割を占めている。

年代が上がるにつれて、高い職位の占める割合が高くなっている（表2－5）。20代では係員クラスが全体の9割以上を占めて圧倒的に多いが、30代では係員クラスが7割と多いものの、主任クラスも2割程度いる。40代は主任クラス、係長クラスで過半数を占める。50代は主任クラス、係長クラスで6割を占め、さらに課長クラスが1割強を占めている。

年代別に比較すると、年代が上がるにつれて毎日勤務の占める割合が高く、一方で隔日勤務の占める割合が低くなっている（表2－6）。20代では毎日勤務と隔日勤務の比が1対6だが、30代では1対4、40代では1対3、50代では1対2となっている。

表2-3　年代別・職種の構成

	消防隊	救助隊	救急隊	予防	総務	警防	その他	合計
20代	52.9 117	21.7 48	10.0 22	8.1 18	4.5 10	1.4 3	1.4 3	100.0 221
30代	46.6 160	17.2 59	13.7 47	7.9 27	5.5 19	5.2 18	3.8 13	100.0 343
40代	52.0 275	4.9 26	13.6 72	7.9 42	8.1 43	10.2 54	3.2 17	100.0 529
50代	51.2 244	0.2 1	9.9 47	10.3 49	13.2 63	10.1 48	5.2 25	100.0 477
合計	50.7 796	8.5 134	12.0 188	8.7 136	8.6 135	7.8 123	3.7 58	100.0 1570

上段は%、下段は人数を表している。

表2-4　年代別・職場の構成

	本部	署（本署・分署）	出張所	合計
20代	12.0 27	39.1 88	48.9 110	100.0 225
30代	17.9 63	32.8 115	49.3 173	100.0 351
40代	17.9 95	39.9 212	42.2 224	100.0 531
50代	9.3 46	49.3 243	41.4 204	100.0 493
合計	14.4 231	41.1 658	44.4 711	100.0 1600

上段は%、下段は人数を表している。

表2-5　年代別・職位の構成

	署長クラス以上	課長クラス	係長クラス	主任クラス	副主任クラス	係員クラス	合計
20代	0.5 1	0.0 0	0.5 1	1.4 3	5.0 11	92.8 205	100.0 221
30代	0.3 1	0.0 0	1.7 6	21.1 74	6.0 21	70.9 248	100.0 350
40代	0.0 0	2.1 11	16.6 88	34.8 185	6.6 35	39.9 212	100.0 531
50代	4.6 23	11.9 59	20.6 102	40.0 198	2.8 14	20.0 99	100.0 495
合計	1.6 25	4.4 70	12.3 197	28.8 460	5.1 81	47.8 764	100.0 1597

上段は%、下段は人数を表している。

表2-6　年代別・勤務シフト

	毎日勤務	隔日勤務	合計
20代	15.3 25	84.7 138	100.0 163
30代	20.6 59	79.4 227	100.0 286
40代	23.0 100	77.0 334	100.0 434
50代	33.7 137	66.3 270	100.0 407
合計	24.9 321	75.1 969	100.0 1290

上段は%、下段は人数を表している。

第3章　予備的分析

◆予備的分析——尺度構造の吟味

それぞれの概念に対応した尺度の構成を確定するための予備的分析の主な過程と結果について述べる。

職務的自尊心と職能的自尊心

職業的自尊心に関する16の尺度に主因子分析を行い、固有値の減少パターンを吟味したところ、2主因子の存在が示唆された。表3-1に、2主因子モデルのバリマックス解を掲げる。

第一主因子を「職務的自尊心」、第二主因子を「職能的自尊心」と名付け、職業的自尊心の下位尺度とする。それぞれの主因子に対応する尺度スコアの単純和について、内的一貫性に関するクロンバックのα係数を求めたところ、十分に高かった（それぞれ、$\alpha = .90, .87$）。

表3-1　職業的自尊心の主因子分析結果

	第1主因子 職務的自尊心	第2主因子 職務的自尊心
「自分の職業が人々の役に立っている」かどうか	.775	.187
「自分の職業が人に喜んでもらえる」かどうか	.759	.151
「自分の職業に充実感がある」かどうか	.756	.105
「自分の職業が人から感謝される」かどうか	.713	.246
「自分の職業が人を幸せにしてあげられる」かどうか	.702	.125
「自分の職業にやりがいがある」かどうか	.687	.152
「自分の職業が人に感動を与えられる」かどうか	.668	.278
「自分の職業では自分で納得のいく働きができる」かどうか	.637	.039
「自分の職業が社会に貢献している」かどうか	.603	.189
「自分の職業で知識や技能を活かせる」かどうか	.561	.249
「自分の職業が社会的に認められている」かどうか	.554	.283
「自分の職業では自分の働きが同僚や上司に認められる」かどうか	.524	.166
「自分の職業が家族に認められている」かどうか	.467	.343
「自分の職業が訓練が重要」かどうか	.212	.900
「自分の職業が研修・学習が重要」かどうか	.228	.830
「自分の職業がけがをする可能性があると感じる」かどうか	.110	.719

18項目の質問項目を用いて主因子分析（主因子法、スクリープロットによって因子解釈、バリマックス解）を行った。

　第１主因子：職務的自尊心（α=.90）
　第２主因子：職能的自尊心（α=.87）

各主因子に該当する項目得点を単純加算したものをそれぞれ職務的自尊心得点、職能的自尊心得点とした。

表3-2　天職観の主成分分析結果

	主成分
生まれ変わっても、今と同じ職業に就きたい	.755
自分の子どもにも自分と同じ職業に就かせたい	.591
自分の職業は、尊い使命を持っている	.578
自分を犠牲にしてでも仕事に自分を捧げたい	.640
今の職業は天職だと感じる	.805
私は職業に人生を捧げている	.729
私は自分の職業を愛している	.776
死ぬまでこの職業に就いていたい	.747
この職業に就くために私は生まれてきた	.737
チャンスがあれば職業を変えたい（逆転項目）	−.673
自分には他にもっとふさわしい職業がある（逆転項目）	−.642
自分にとってこの職業は不向きである（逆転項目）	−.602

主成分分析を行った結果、1次元構造が確認された。

逆転項目の処理を行った後、12項目の各得点を単純加算したものを天職観得点とした。

α=.90

天職観に関する12尺度のスコアに主因子分析を施したところ、1主因子による単純構造が示唆された。主因子分析の結果を表3-2に掲げる。すべての項目の単純和（逆転項目はスコアを逆転して合算）について内的一貫性も高かった（α = .90）ので、12尺度の合計値を天職観のスコアとして用いることにした。

職業イメージの3主因子

消防に対する職業イメージの主因子分析を表3-3に掲げる。固有値の減少パターンから3主因子が示唆されたので、抽出された3主因子にバリマックス回転を施したのがこの表である。第一主因子を「社会的責任」、第二主因子を「社会的貢献」、第三主因子を「ネガティブ・イメージ」とそれぞれ命名した。内的一貫性もそれぞれ高い（順に、$\alpha = .78$, $\alpha = .76$, $\alpha = .67$）ので、対応する合計スコアを用いることとした。「尊敬すべき」と「社会的影響力が大きい」のスコアは、第一主因子、第二主因子の両方で合算の対象になることとなる。

表３-３　職業イメージの主因子分析結果

	第1主因子	第2主因子	第3主因子
	社会的責任	社会的貢献	ネガティブ・イメージ
責任の大きい	.737	.131	−.110
人の命を左右する	.657	.097	−.157
危険の大きい	.636	.009	−.033
やりがいのある	.490	.264	−.325
人々の生活に欠かせない	.475	.247	−.143
違反を犯してはならない	.382	.022	−.154
科学や技術の発展に貢献する	.060	.660	.017
社会的地位が高い	.080	.630	−.071
社会の発展に寄与する	.220	.577	−.062
能力の高い人が就いている	.191	.481	−.147
経済活動に欠かせない	.087	.478	.060
尊敬すべき	.384	.449	−.156
社会的影響力が大きい	.424	.437	−.024
収入が多い	−.082	.353	−.021
清潔な	.060	.322	−.080
不愉快な	−.050	−.110	.664
偽善的な	−.043	−.078	.658
軽蔑すべき	−.153	.015	.531
暗い	−.107	−.066	.422
役に立たない	−.214	.006	.375

20項目の質問項目を用いて主因子分析（主因子法、スクリープロットによって因子解釈、バリマックス解）を行った。

第１主因子：社会的責任（８項目　α=.78）
第２主因子：社会的貢献（９項目　α=.76）
第３主因子：ネガティブ・イメージ（５項目　α=.67）

各主因子に該当する項目得点を単純加算したものをそれぞれ社会的責任得点、社会的貢献得点、ネガティブ・イメージ得点とした。

個人的違反と組織的違反

職場における違反経験の主因子分析の結果を表3－4に掲げる。固有値の減少パターンから、2主因子が示唆された。表は、抽出された2主因子にバリマックス解を施したものである。第一主因子が組織的違反経験、第二主因子が個人的違反経験に対応する。組織的違反と個人的違反の2主因子が抽出されることは、従来の調査でも繰り返し経験している。交通費の不正請求、サービス残業、遅刻、無断欠席の4尺度がそのどちらの主因子にも寄与度が低いのは、従来の分析結果と若干乖離がある。これについて消防本部等の説明と意見を求めたところ、そもそも、交通費を請求する機会が少ない、勤務状況からいわゆるサービス残業はかなり日常化している、遅刻、無断欠勤は厳禁で事実少ない、などの事情がわかった。いずれにせよ、分散が少なく、そのために共分散マトリックスのなかでは他変数との共変が見られにくいことが考えられ、従来の分析と齟齬しないことが考えられた。

以降、職場における違反経験を「組織的違反経験」と「個人的違反経験」とに大別して分析する。

表 3 - 4　職場における違反経験の主因子分析結果

	第1主因子 組織的違反経験	第2主因子 個人的違反経験
上司が行った不正について、見て見ぬふりをしたことがある	.582	.187
職場で行われていた法律違反を、改善せずに放っておいたことがある	.570	.208
監督官庁から指導を受けたが、何もせずそのままにしておいたことがある	.464	.044
職場でおこった事故を監督官庁に届け出なかったことがある	.456	.114
職場の上層部から、職場の不祥事を外部に漏らさないよう指示されたことがある	.407	.257
同僚が領収書の金額を書き換えて報告しているのを見たことがある	.407	.149
会社（職場）から言われて、領収書の日付を書き込まないで提出したことがある	.396	.226
同僚の不正をかばうためにうその報告をしたことがある	.394	.235
残業時間を多めに申告したことがある	.145	.584
勤務中に職場を離れて私的な用事を済ませたことがある	.098	.550
職場の電話を私的な用事で使ったことがある	.104	.494
職場の備品を無断で持ち帰ったことがある	.132	.461
職場の人の飲酒運転を大目に見たことがある	.351	.406
作業効率を上げるために職場規定に定められた手続きを省略したことがある	.344	.381
交通費を実際より多めに会社（職場）に請求したことがある	.172	.313
残業したのに残業届けを出さなかったことがある（サービス残業）	.180	.255
会議や打ち合わせに遅刻したことがある	.153	.185
届けを出さずに黙って仕事を休んだことがある（無断欠勤）	.226	.078

主因子負荷量の高い項目（.38以上）を各主因子に含まれる項目として採用した。
　第 1 主因子：組織的違反経験（ 8 項目）α=.70
　第 2 主因子：個人的違反経験（ 6 項目）α=.67
各主因子に該当する項目得点を単純加算したものをそれぞれ組織的違反経験得点、個人的違反経験得点とした。

組織内市民行動

向社会的行動が組織の同僚などに対して発揮されるのを、組織内市民行動と規定する（組織市民行動が定訳になっているが、本書では組織内市民行動と呼ぶことにする）。

組織内市民行動を主因子分析したところ、固有値の減少パターンから5主因子が示唆された。抽出された5主因子にバリマックス回転を施した分析結果を表3－5に掲げる。第一主因子を「組織内での援助行動」、第二主因子を「職業的勤勉」、第三主因子を「職業的完全主義」、第四主因子を「組織称揚」、第五主因子を「整理整頓」と名付けた。表の脚注に見られるようにそれぞれの内的一貫性が高いので、各主因子に対応した尺度スコアの単純合計をそれぞれのスコアとして用いることとした。

表3-5　組織内市民行動の主因子分析結果

	第1主因子	第2主因子	第3主因子	第4主因子	第5主因子
	組織内での援助行動	職業的勤勉	職業的完全主義	組織称揚	整理整頓
多くの仕事を抱えている人の手助けをする	.803	.138	.157	.082	.112
休んでいる人の代わりに手伝ってあげる	.817	.114	.109	.108	.125
仕事上のトラブルを抱えている人を、進んで手助けする	.683	.179	.182	.249	.115
不必要に仕事の手を休めないよう心がける	.209	.673	.214	.110	.117
仕事中に必要以上の休息をとらないようにする	.096	.847	.155	.096	.070
仕事中は無駄な会話で時間をつぶさないようにする	.101	.632	.125	.114	.133
仕事で間違いに気がついたらすぐにそれを糾す	.132	.209	.587	.005	.135
一度受けた仕事は最後まで責任をもって実行する	.131	.122	.786	.005	.166
自分の仕事に注意を行き届かせる	.149	.171	.686	.102	.242
自分の会社(組織)が開催するイベントの情報を自主的に紹介する	.170	.161	.116	.623	.120
仕事の場以外でも積極的に自分の会社（組織）を宣伝する	.075	.065	.017	.860	.041
優秀な人材を自分の組織（会社）に入るように勧める	.104	.074	−.022	.696	.089
職場では机はいつもきれいにし、汚さないように努める	.030	.132	.102	.045	.848
職場では自分の身の回りをきれいに掃除する	.095	.096	.133	.071	.870
文具品・消耗品を使いやすいように整理し配置する	.109	.097	.177	.089	.765
制服やヘルメットなど支給された物を手入れする	.203	.065	.246	.142	.531

第1主因子：組織内での援助行動（3項目）α=.86
第2主因子：職業的勤勉（3項目）α=.80
第3主因子：職業的完全主義（3項目）α=.77
第4主因子：組織称揚（3項目）α=.78
第5主因子：整理整頓（3項目）α=.87

各主因子に該当する項目得点を単純加算したものをそれぞれ組織内での援助行動得点、職業的勤勉得点、職業的完全主義得点、組織称揚得点、整理整頓得点とした。

生きがい感

近藤・鎌田（1998）が開発した尺度をもとに文体を改めた15項目を使用した。生きがい感を構成する尺度を主因子分析したところ、固有値の減少パターンから3主因子が示唆された。抽出された3主因子にバリマックス回転を施した結果を表3－6に掲げる。第一主因子を「現状満足感」、第二主因子を「存在価値」、第三主因子を「意欲」と命名する。それぞれの単純和の内的一貫性が高い（順に、$\alpha = .87, \alpha = .81, \alpha = .84$）ので、単純和をそれぞれの生きがい感の下位尺度として用いる。

社会心理学的な個人差スコアについては、以上に述べたものをそれぞれの概念に対応する尺度として用いる。

表3-6　生きがい感の主因子分析結果

	第1主因子	第2主因子	第3主因子
	現状満足感	存在価値	意欲
私は今の生活に満足感がある	.774	.109	.142
毎日が平和で楽しいと感じている	.759	.148	.116
私は今幸せを感じている	.781	.188	.152
私の毎日は充実していると思う	.674	.239	.274
全ての物ごとが順調に進んでいると思う	.609	.234	.144
私は他人から信頼され頼りにされている	.310	.588	.162
私の行為で人に喜んでもらえることがよくある	.184	.711	.180
自分が必要とされ存在価値を感じることがある	.208	.722	.215
皆で力を合わせ目的を達成することがよくある	.154	.506	.338
人の為に役に立ったと感じることがある	.100	.531	.323
私は将来に希望を持っている	.246	.142	.701
自分の人生に大きな期待を持っている	.246	.186	.689
私は物事にやる気を持っている	.153	.287	.678
私には目的があり、達成したいことがある	.043	.244	.670
私は何事に対しても積極的に取り組んでいこうと思っている	.138	.204	.623

第1主因子：現状満足感（5項目）α=.87
第2主因子：存在価値　（5項目）α=.81
第3主因子：意欲　　　（5項目）α=.84

各主因子に該当する項目得点を単純加算したものをそれぞれ現状満足感得点、存在価値得点、意欲得点とした。

◆主要な分析

職場の規模と違反経験

この調査の主要な目的は、職場における違反を規定する要因を同定することである。そこで、それら規定因の分析に入る前に、違反行動そのものの統計的パターンを概観することにしたい。

職場における違反行動は、職場の規模によって異なる可能性がある。表3－7は、それぞれの違反経験「あり」と答えた比率を、消防本部の規模間で比較したものである。違反行為ごとに見てみると、小規模本部に多い違反と、逆に大規模本部で多い違反、規模による違いが有意に達しない違反のあることがわかる。電話の私的使用、勤務中の私用、同僚の飲酒運転の容認、上司の不正の看過は、小規模本部ほど不正が多い。それに対して、会議などへの遅刻、残業時間の水増し、職場の備品持ち帰りなどの不正が大規模本部のほうが多い。ほかに、不祥事の箝口令、領収書の日付不記載が中規模本部で多く、逆に、作業効率を目的とした規定手続きの省略は、大規模本部と小規模本部に多く、中規模本部で少ない。

しかし、個人的違反経験、組織的違反経験の尺度にまとめて比較すると、表3－8（42ページ）に見られるように、消防本部の規模による差が有意でなくなる。したがって、全体的には、違反傾向の規模による差はないものと考えられる。差が有意水準に達しないということじたい、意味のある発見であると考えられる。

表3-7　職場における違反経験（項目別：数字は%）

	大規模	中規模	小規模	平均	有意差
残業したのに残業届けを出さなかったことがある（サービス残業）	63.4	58.8	63.8	63.0	n.s.
職場の電話を私的な用事で使ったことがある	21.6	21.3	31.9	21.9	$\chi^2=6.08$ $p<.05$
職場の上層部から、職場の不祥事を外部に漏らさないよう指示されたことがある	21.4	11.2	12.8	20.2	$\chi^2=7.11$ $p<.05$
作業効率を上げるために職場規定に定められた手続きを省略したことがある	16.8	31.8	42.6	19.0	$\chi^2=8.07$ $p<.05$
勤務中に職場を離れて私的な用事を済ませたことがある	17.6	12.9	6.4	16.9	n.s.
会議や打ち合わせに遅刻したことがある	14.7	20.0	25.5	15.5	$\chi^2=11.57$ $p<.05$
職場の人の飲酒運転を大目に見たことがある	10.6	15.3	2.1	10.8	$\chi^2=39.44$ $p<.001$
残業時間を多めに申告したことがある	11.6	3.5	2.1	10.5	$\chi^2=6.11$ $p<.05$
上司が行った不正について、見て見ぬふりをしたことがある	7.9	8.2	10.6	8.0	$\chi^2=7.00$ $p<.05$
会社（職場）から言われて、領収書の日付を書き込まないで提出したことがある	6.6	4.1	8.5	6.4	$\chi^2=7.29$ $p<.05$
職場の備品を無断で持ち帰ったことがある	6.0	7.1	10.6	6.2	$\chi^2=14.19$ $p<.01$
職場で行われていた法律違反を、改善せずに放っておいたことがある	4.8	1.8	2.1	4.4	n.s.
職場でおこった事故を監督官庁に届け出なかったことがある	3.4	2.9	2.1	3.3	n.s.
同僚の不正をかばうためにうその報告をしたことがある	2.4	2.9	4.3	2.5	n.s.
交通費を実際より多めに会社（職場）に請求したことがある	0.6	0.6	0.0	0.6	n.s.
同僚が領収書の金額を書き換えて報告しているのを見たことがある	49.4	55.9	63.8	50.4	n.s.
監督官庁から指導を受けたが、何もせずそのままにしておいたことがある	29.0	38.8	31.9	30.0	n.s.
届けを出さずに黙って仕事を休んだことがある（無断欠勤）	26.3	16.6	29.8	25.4	n.s.

$p<.05$：有意差　$p<.01$：高度な有意差　$p<.001$：極めて高度な有意差
n.s.：有意差なし

表3-8　職場における違反経験（消防本部の規模別）

個人的違反経験				組織的違反経験			
大規模 (1488)	中規模 (168)	小規模 (47)	全体 (1701)	大規模 (1478)	中規模 (170)	小規模 (46)	全体 (1694)
1.43	1.41	1.77	1.44	0.80	0.99	0.87	0.82

（　）は人数、下段の数字は違反経験の平均値を表す。

分散分析の結果、個人的違反経験（$F(2, 1698)=1.16$, n.s.）、組織的違反経験ともに消防本部の規模による違いは認められなかった（$F(2, 1691)=1.62$, n.s.）。

表3-9　個人的違反経験（職種別）

消防隊 (841)	救助隊 (138)	救急隊 (196)	予防 (142)	総務 (141)	警防 (122)	その他 (59)	全体 (1639)
1.37	1.41	1.51	1.75	1.43	1.37	1.56	1.44

（　）は人数、下段の数字は違反経験の平均値を表す。

分散分析の結果、個人的違反経験（$F(6, 1632)=1.47$, n.s.）には職種による違いが認められなかった。

表3-10　組織的違反経験（職種別）

消防隊 (833)	救助隊 (138)	救急隊 (198)	予防 (141)	総務 (141)	警防 (123)	その他 (60)	全体 (1634)
0.87	0.70	0.78	0.82	0.76	0.80	1.02	0.83

（　）は人数、下段の数字は違反経験の平均値を表す。

分散分析の結果、個人的違反経験（$F(6, 1627)=0.68$, n.s.）には職種による違いが認められなかった。

職種・職位と違反経験

組織的違反経験において、職位による有意差があった。表3－11、12がそれを示している。表に見られるように、係員、副主任クラスでは組織的違反経験が低いのに、中間管理職の係長クラス、主任クラスになると平均値が大きくなり、課長、署長クラス以上になるとまた若干低くなるというパターンが認められる。組織的違反が中間管理職レベルで多くなるのは、多くの職場に共通して見られる現象である。その現象がここでも見られているわけである。

職務的自尊心は違反を抑止する

さて、では、この研究の眼目である、職業的自尊心が個人的違反、組織的違反に対して抑止になっているだろうかというテーマに関連する分析を見ていこう。

表3－13をご覧いただきたい。職業的自尊心を構成する、職務的自尊心、職能的自尊心の2測度と、個人的違反、組織的違反の2測度の相関係数である。

これを見ると、職務的自尊心が個人的違反経験、組織的違反経験の両方と、あまり強くはないが有意な逆相関をしていることがわかる。すなわち、職務的自尊心が高い消防官ほど、両種類の違反の経験が少ないというパターンが出ているわけである。同じ表に、天職観と個人的違反、組織的違反の相関も載せた。天職観の強い人ほど、個人的違反、組織的違反の経験が少ないのである。

表3-11　個人的違反経験（職位別）

署長クラス以上	課長クラス	係長クラス	主任クラス	副主任クラス	係員クラス	全体
(26)	(71)	(206)	(474)	(82)	(801)	(1660)
1.46	1.55	1.61	1.54	1.30	1.36	1.45

(　　)は人数、下段の数字は違反経験の平均値を表す。

分散分析の結果、個人的違反経験（F (6, 1654)=1.56, n.s.）には職位による違いが認められなかった。

表3-12　組織的違反経験（職位別）

署長クラス以上	課長クラス	係長クラス	主任クラス	副主任クラス	係員クラス	全体
(26)	(70)	(205)	(473)	(84)	(797)	(1655)
0.96	0.89	1.07	1.02	0.65	0.67	0.83

(　　)は人数、下段の数字は違反経験の平均値を表す。

分散分析の結果、個人的違反経験（F (6, 1649)=6.16, p<.01）には職位による違いが認められた。

表3-13　職業的自尊心、天職観と違反経験との相関

	個人的違反経験	組織的違反経験
職務的自尊心	−.090***	−.080***
職能的自尊心	(−.040)	(.017)
天職観	−.154***	−.128***

*** 極めて高度な相関 p<.001

(　　)表記の相関係数は有意ではない。

本書の冒頭に述べたように、われわれは、組織的違反が起こるもっとも大きな原因は会議や懇談の意志決定システムにあると考えている。それに続くやや間接的な原因が組織風土であり、とりわけ、われわれが世界で初めて提唱した「属人思考」ないしは「属人風土」が組織的違反と強く相関する実証データをすでに発表している。われわれの社会心理学的モデルのうち、組織風土よりもさらにやや間接的な規定力をもっている要素として、心理的な職業的自尊心を掲げているわけである。

表3－13は、そのような予測にほぼぴったりの相関パターンである。職務的自尊心の高い人が、個人的、組織的両方の違反を冒しにくいのである。職能的自尊心は、違反経験とは相関していない。また、天職観と違反経験の相関を求めたところ、この表にご覧いただけるように、天職観が強いほど、個人的違反経験も組織的違反経験も低くなる方向の相関が検出されている。

職業的自尊心と職位の統合モデル

さて、これまでの分析で、組織的違反行動の経験には、職位による有意差のあることがわかっている。では、職位、職務的自尊心、職能的自尊心の3要素によって、違反経験の予測モデルを作ってみるとどのようになるだろうか。そのような総合的な違反経験のモデルを求めてみることとした。

職務的自尊心と職能的自尊心は、もともと、主因子分析によって抽出された尺度であるから、理論的に低相関が予測される。しかしながら、職位と職務的自尊心、職能的自尊心はある程度相関することが予測されるから、それぞれの違反経験への影響の強さの計算においては、共変部分を調整しなければならない。重回帰分析と呼ばれる手法がそれに相当する。

表3-14　重回帰分析の結果

	職位	職務的自尊心	職能的自尊心	調整済みR^2
個人的違反経験	−.057*	−.094**	−.002	.009***
個人的違反経験	−.106***	−.117***	.067*	.019***

* $p<.05$の有意差　** $p<.01$の高度な有意差　*** $p<.001$の極めて高度な有意差
※職位（1署長クラス……6係員クラス）

表3－14が、職位、職務的自尊心、職能的自尊心による個人的違反、組織的違反の重回帰式の係数である。3変数の分散説明率を見ると、組織的違反経験のほうが個人的違反経験よりもモデルの予測率が高いことがわかる（調整済みR^2の比較）。また、個人的違反には職務的自尊心による寄与が大きいが、組織的違反には、職務的自尊心とともに職位の効果が大きく、職能的自尊心も有意に規定していることがわかる。

すなわち、組織違反への三つの規定因（職位、職務的自尊心、職能的自尊心）は、規定力を独立的に評価できる手法を用いた場合、職位が高いほど低く、職務的自尊心が高いほど低くなる一方で、職能的自尊心が高いほど高くなるという傾向のあることがはっきりわかるのである。これに対して、個人的違反経験の場合は、職務的自尊心と職位が相対的に弱く寄与しており、職能的自尊心はまったく寄与していない。

職業イメージと違反

次に、消防官という職業に対する職業イメージと両種の違反との相関を見てみよう。表3－15をご覧いただきたい。

すでに見たように、職業イメージは、社会的責任、社会的貢献、ネガティブ・イメージの三主因子で構成されていた。この表がそれら三つの職業イメージのス

表3-15　職業イメージと違反経験との相関

	個人的違反経験	組織的違反経験
社会的責任	−.079**	−.071**
社会的貢献	−.116***	−.081**
ネガティブ・イメージ	(−.040)	.138***

** 高度な相関 $p<.01$　　*** 極めて高度な相関 $p<.001$

(　　)表記の相関係数は有意ではない。

コアと違反経験の相関を分析したものである。社会的責任、社会的貢献が両方の違反経験と有意に逆相関している。また、ネガティブ・イメージは、組織的違反経験を正に相関している。

職業イメージと違反経験のあいだの因果関係の方向は特定しにくい。職業イメージが違反の原因になっている面もありそうだが、逆に、違反経験の多寡が、消防官という職業のイメージを悪くしたりよくしたりするという方向の関係も考えられる。あるいは、職業イメージと違反経験の多寡は、同じ現象の裏表だ(すなわち共変関係)と考えることもできる。そのいずれの関係であるかは特定しにくいものの、このような相関関係が見出されることは、個人的違反、組織的違反という行動が、職業に対する心理的スタンスのなかから起こってくる面のあることを雄弁に語っている。

職業的自尊心と組織内市民行動

職務的自尊心、職能的自尊心、天職観と、組織内市民行動の間には正方向の相関が予想される。

表3-16は、それらの間の相関係数を一覧にしたものである。すべての組み合わせで、予測方向の相関が有意であり、かつ、相関係数はそう高くもなく、せいぜい0・3台である。このことは、これらの間には、おお

表3-16　職業的自尊心、天職観と組織内市民行動との相関

	組織内での援助行動	職業的勤勉	職業的完全主義	組織称揚	整理整頓
職務的自尊心	.297***	.232***	.298***	.311***	.284***
職能的自尊心	.147***	.069***	.116***	.147***	.210***
天職観	.270***	.172***	.230***	.348***	.221***

*** 極めて高度な相関 $p<.001$

むね、弁別的な相関が存在することを示唆している。すなわち、職業的自尊心と組織内市民行動は、異種概念としての弁別を保ちながらも、有意な相関をしているわけである。ここでも、因果関係の特定は難しい。職業的自尊心や天職観の高低が、組織内での援助行動、職業的勤勉、職業的完全主義、組織的称揚、整理整頓を生んでいるのか、逆に後者の要素が職業的自尊心や天職観を生むのか特定することはできない。職業的自尊心・天職観と組織内市民行動はあいまって共変していると考えるのが自然なのである。

職業的自尊心と生きがい感

職務的自尊心、職能的自尊心、天職観と生きがい感との相関を表3－17に掲げる。相関係数はそれぞれ有意であるが、職能的自尊心よりも職務的自尊心のほうが生きがい感の3次元いずれとも相関が高いことがわかる。このことは、職業から得られる生きがいが、どちらかというと、職能的自尊心の充足よりは職務的自尊心の充足によって大きくなることを示唆している。職能的自尊心とは、仕事の内容が難しく、技能の維持向上が必要なことから来る職業的自尊心である。職業の職能面よりも、職業をとおした社会貢献による自尊心のほうが生きがい感に相対的には強く結びついているのである。

表3-17　職業的自尊心、天職観と生きがい感との相関

	現状満足感	存在価値	意欲
職務的自尊心	.313***	.446***	.405***
職能的自尊心	.102***	.151***	.099***
天職観	.362***	.393***	.400***

*** 極めて高度な相関 $p<.001$

表3-18　職業イメージと組織内市民行動との相関

	組織内での援助行動	職業的勤勉	職業的完全主義	組織称揚	整理整頓
社会的責任	.241***	.169***	.263***	.213***	.249***
社会的貢献	.202***	.175***	.109***	.380***	.178***
ネガティブ・イメージ	−.111***	−.150***	−.167***	(−.042)	−.064***

*** 極めて高度な相関 $p<.001$
(　　)表記の相関係数は有意ではない。

組織内市民行動と職業イメージ

表3－18は、消防官に対する職業イメージ（3次元）と組織内市民行動（5次元）との相関を示したものである。相関係数はどれも高度な有意水準に達しているが、社会的責任イメージと職業的完全主義、社会的貢献イメージと組織称揚、ネガティブ・イメージと職業的完全主義（逆相関）がとくに高い相関を示していることは、常識的な直観と一致する結果である。

社会的責任、社会的貢献得点が高いほど、組織内市民行動得点も高い傾向。

ネガティブ・イメージ得点が高いほど、組織内市民行動得点は低くなる傾向。ただし、組織称揚得点は有意な相関ではない。

表3-19　職業イメージと生きがい感との相関

	現状満足感	存在価値	意欲
社会的責任	.223***	.321***	.296***
社会的貢献	.272***	.311***	.267***
ネガティブ・イメージ	−.186***	−.190***	−.227***

*** 極めて高度な相関 $p<.001$

職業イメージと生きがい感

職業イメージと生きがい感のそれぞれの下位尺度間の相関を表3－19に掲げる。すべて高度に有意であり、かつ、弁別的な高さである。これを見ると、職業イメージと生きがい感が、たがいにともなって共変することがわかる。

職業イメージと生きがい感との相関係数を求めたのが表3－19である。職業イメージのうち、社会的責任、社会的貢献とは有意な正の相関が、ネガティブ・イメージとは有意な負の相関が見られた。自分の職業が「社会的に責任が高い」あるいは「社会的に責任がある」とイメージしている人ほど生きがい感も高い傾向が見られた。一方、自分の職業にネガティブ・イメージをもっている人ほど、生きがい感が低くなる傾向が見られた。

第4章　職種・職位と職業的自尊心

◆職場規模と職業的自尊心

本書で提示している職務的自尊心と職能的自尊心の二次元モデルは、職業的自尊心についての新しいモデルである。図4－1にこの二種の職業的自尊心の規模による比較を掲げた。職務的自尊心に職場規模による有意差はないが、職能的自尊心は職場規模による有意差があった。職場の規模が小さいほど、職能的自尊心が高かったのである。これは、職場の規模が職業的自尊心に差異を生む可能性を示唆するとともに、職務的自尊心、職能的自尊心の弁別が有効であることをも示唆している。

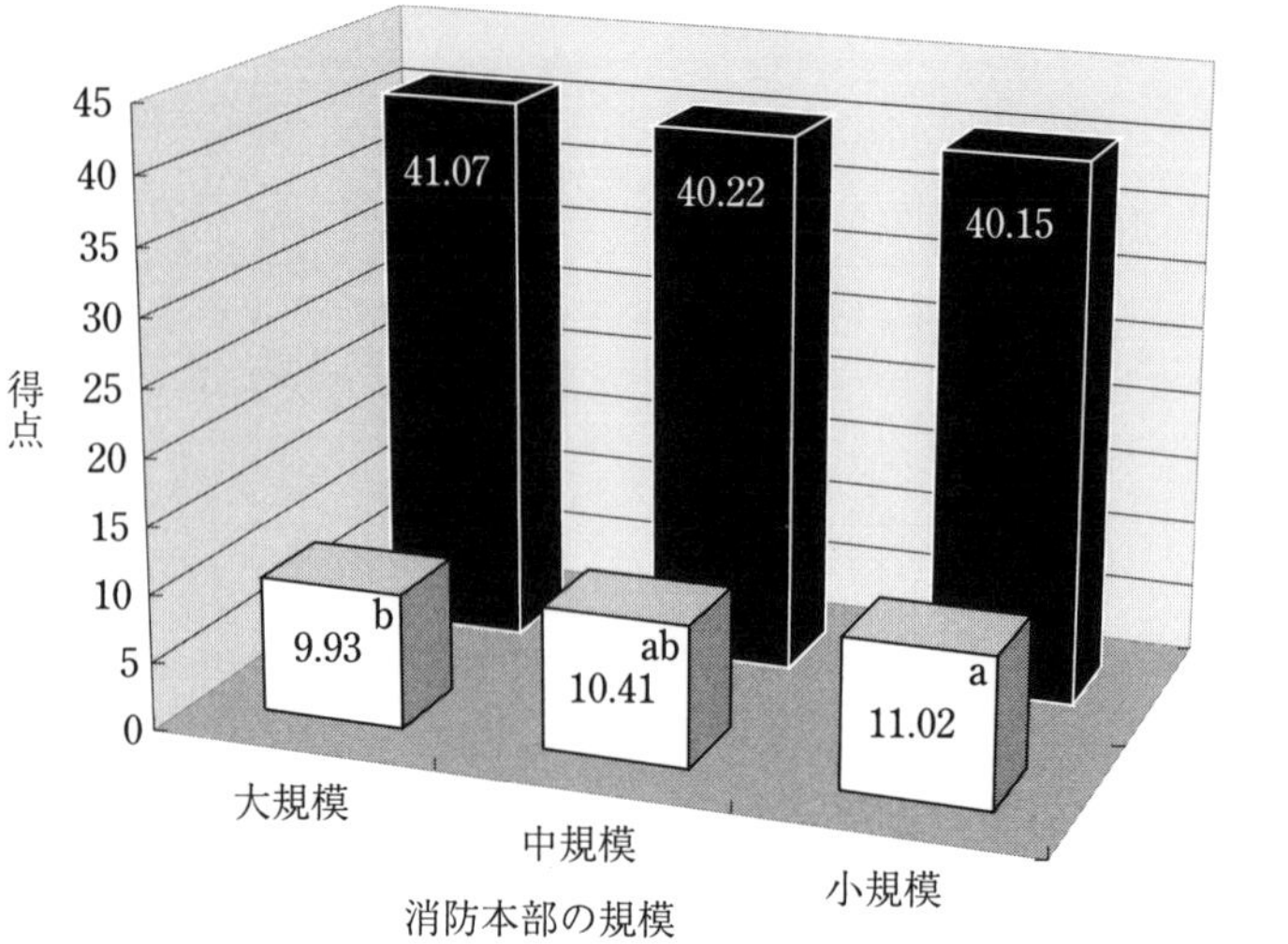

※添え字を共有しない平均値は、Scheffe法による多重比較の結果、有意差がみられたものである。

図4-1　職業的自尊心得点の比較（規模別）

消防本部の規模別に職務的自尊心得点をあらわしたのが図4-1である。分散分析の結果、有意差はみられなかった。消防本部の規模にかかわらず、職務的自尊心は同程度であるといえる。職能的自尊心は分散分析の結果、規模の違いによって有意差がみられた。小規模本部の方が大規模本部と比べて、職能的自尊心得点が高いといえる。

◆職種と職業的自尊心

職種の職業的自尊心マップ

図4－2（次ページ）は、消防官の職種ごとの職務的自尊心と職能的自尊心の平均値を求め、2次元グラフにしたものである。これを見ると、職能的自尊心の高いのが、救急隊と救助隊（レンジャー）であり、それに続いて消防隊であることがわかる。その対極が総務である。前者の三つの職種は、いわゆる消防職務の最前線であり、習得するべき技能も多く、かつ、危機に陥った市民に訓練された技能を用いて直接援助の手を差し出す職種であることが、高い職能的自尊心のもとになっているものと考えられる。

職務的自尊心がいちばん高いのは、救助隊（レンジャー）であることがわかる。それに続く総務、救急、消防、警防などは、ほとんど横一線である。予防業務の職務的自尊心は特に低い。

救助隊はどの消防署でも、選ばれたエリートの職種であるが、職務的自尊心、職能的自尊心の両方が高いことにそれがはっきりとうかがわれる。その対極にある予防は、職務的自尊心、職能的自尊心の両方が低い。予防は大部分が審査的なデスクワークの地味な仕事であるが、二種の職業的自尊心がともに低いのはなぜだろうか。

いくつかの消防本部にたずねてみたところ、予防は、予防本来の仕事をする人のほかに、ほかの業務で怪我や心理的ストレスのためにいったん前線を離れるべきだと判断された人も一時配属されるこ

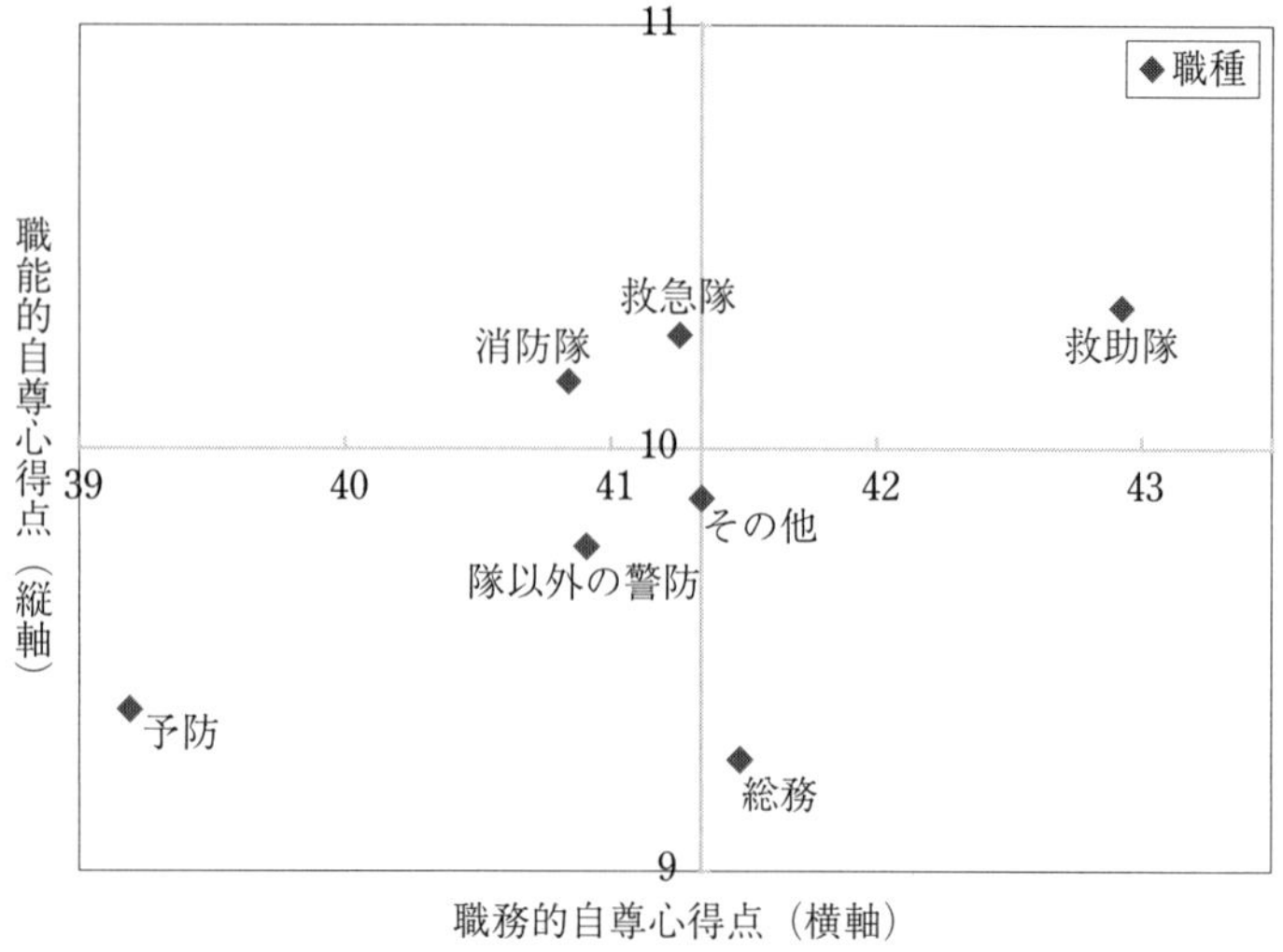

職務的自尊心　$F(6, 1611)=3.66$ $p<.01$
職能的自尊心　$F(6, 1635)=6.13$ $p<.01$

〔Scheffe 法による多重比較の結果〕
・職務的自尊心
　a：救助　ab：総務、その他、救急隊、隊以外の警防、消防隊　b：予防
・職能的自尊心
　a：救助隊、救急隊　ab：消防　abc：その他、隊以外の警防　bc：予防　c：総務

図4-2　職業的自尊心得点（職種別）

職務的自尊心、職能的自尊心の平均得点をX軸、Y軸の交点とし、職種ごとの平均得点をプロットした。

職種別に特徴をみると、救助隊は職務的、職能的自尊心得点ともに平均よりも高い。

総務は職務的自尊心得点は平均よりも高いが、職能的自尊心得点は低い。

救急隊、消防隊は職能的自尊心得点は平均よりも高いが、職務的自尊心得点は低い。

隊以外の警防、予防は職務的、職能的自尊心得点ともに平均よりも低い。

その他は職能的自尊心得点は低いものの、職務的自尊心得点は平均程度である。

また、相対的にみると3つの隊は他の職種と比べて職能的自尊心得点が高い。

とのある職種だということを示唆された。このようなことも、この部署が職務的自尊心、職能的自尊心の両軸で低いことに関係しているように思われる。

職種による天職観の違い

図4－3は、各職種を天職観の平均値によって比較したものである。ここでも救助隊がいちばん高いが、総務、救急、消防などと続いている。

◆職位と職業的自尊心

図4－4は、こんどはすべての職種を込みにして、それぞれの職位によって、職務的自尊心、職能的自尊心、天職観がどう変化するかを調べたものである。興味深いパターンが見られる。

職務的自尊心は、職位が上がるにつれて上がっていき、署長クラス以上の地位に到達したときにもっとも高くなる。ところが、途中が必ずしも一様でなく、副主任クラスのときに、小さなピークを迎えている。そこから主任クラスに昇進すると少し下がり、また順調に上がっていくというパターンをもっている。副主任クラスの人達は最初の昇進直後である。最初の昇進にともなう高揚感もあろう。また、いわゆる中間管理職であるために、実際の仕事の負担がこの位置で顕著に重くなるという実情があるのかもしれない。いずれにせよ、副主任クラスの位置で職務的自尊心がいったん小さなピークを迎え、主任クラスの位置では少し下がる。主任クラスからあとは、おおむね地位比例的に上がってい

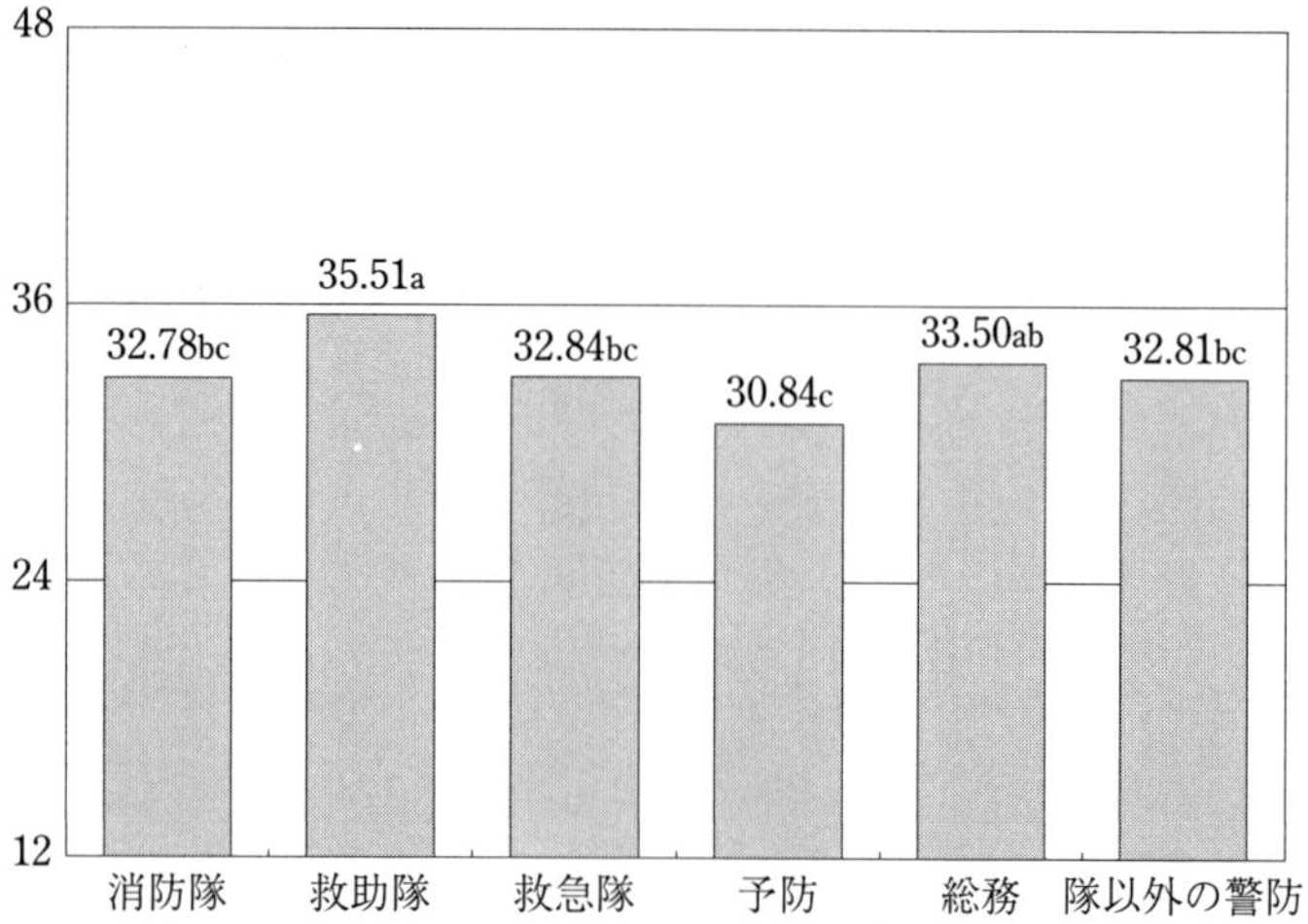

$F(5, 1556) = 6.43, p < .01$

※添え字を共有しない平均値は、Scheffe法による多重比較の結果、有意差がみられたものである。

図4-3　天職観得点（職種別）

職種別に天職観得点を比較したのが図4-3である。分散分析の結果、1%水準で有意差がみられた。

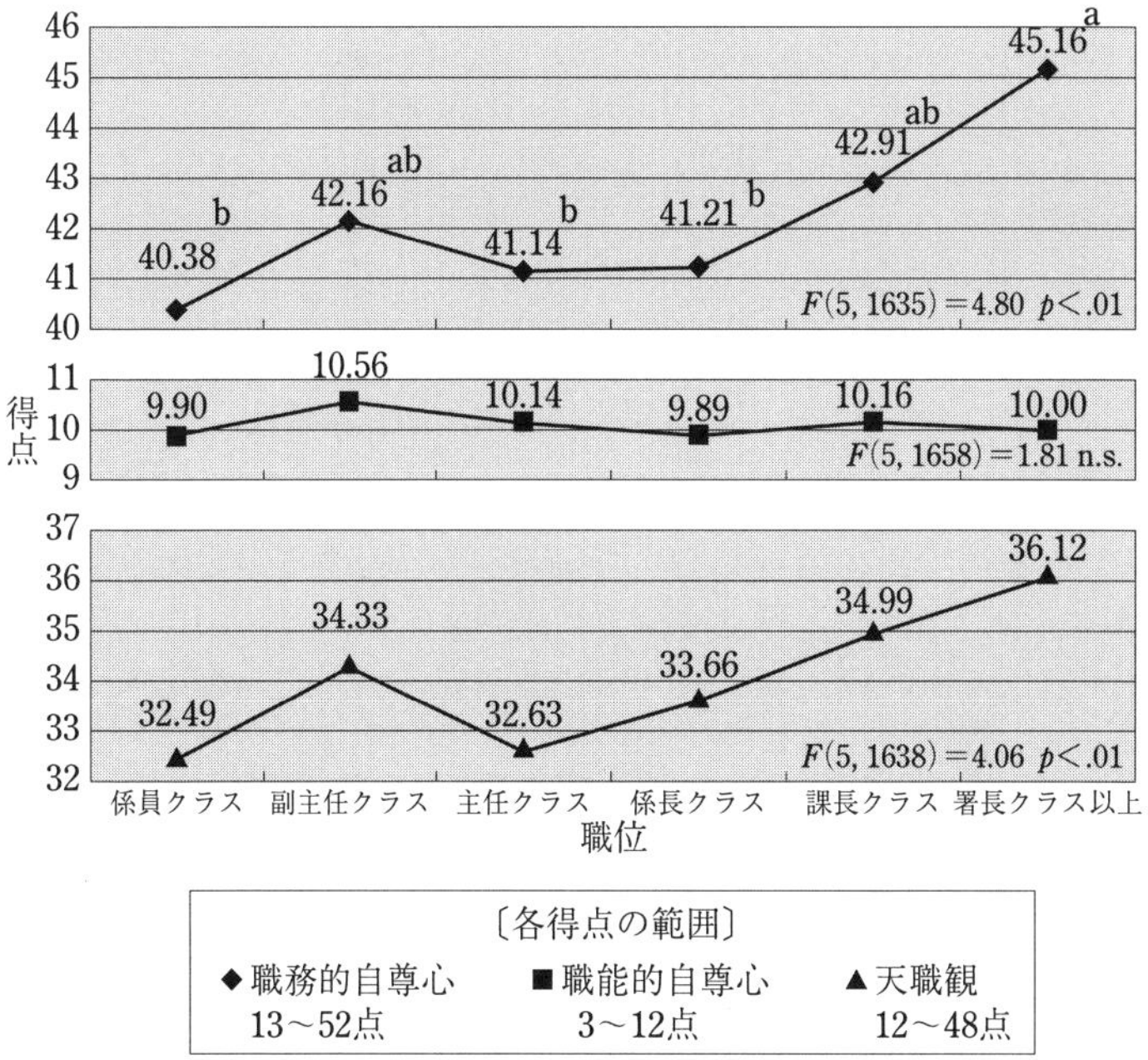

※添え字を共有しない平均値は、Scheffe法による多重比較の結果、有意差がみられたものである。

図4-4　職業的自尊心、天職観得点の比較（職位別）

※各尺度得点の範囲は、職務的自尊心が13～52点、職能的自尊心が3～12点、天職観が12～48点である。

職務的自尊心得点は、分散分析の結果、1%水準で有意差がみられた。Scheffe法による多重比較の結果、署長クラス以上＞主任クラス、係員クラスであった。

職能的自尊心得点は、分散分析の結果、有意差がみられなかった。よって、職能的自尊心は職位の違いによって変わらないといえる。

天職観得点は、分散分析の結果、1%水準で有意差がみられた。Scheffe法による多重比較の結果、$\alpha = .05$のサブグループは等質だった。

き、署長クラスのときにピークに達するパターンをもっているように考えられる。

それに対して、職能的自尊心は終始一定していて、ポジションによるデコボコはない。職能的自尊心は、職務の影響は受けても、職位の影響はあまり受けないもののようである。

また、天職観を同様に分析すると、職務的自尊心ときわめて類似したパターンが見られる。

◆職位による職業的自尊心変化の職種による違い

職位による職業的自尊心の変化は、職種によって若干の差異が見られる。図4－5は、消防隊職員だけにおいて同様の分析をしたものである。消防隊では、職務的自尊心が高くなるが、副主任クラスのときだけである。主任クラスになると下がり、そのまま課長クラスまで基本的に変化がない。天職観も同様のパターンを示すが、職能的自尊心は終始変化がない。消防隊においては、現場との接触がいちばん多くなる副主任のときに、その生の経験を通じて職務的自尊心が高くなるのだと考えられる。

総務の場合、これとは異なるパターンとなる。図4－6をご覧いただきたい。

総務職の場合も、職務的自尊心がいったん副主任クラスで小さなピークを迎えるが、主任でやや顕著に落ちる。ところがそのあと、係長クラスになるとまた大きく向上し、順調に署長クラスになるまで上がりつづける。一方天職観のほうは、係員クラス（すなわち平職員）のときにやや高いめで、副主任クラスでいちど谷となる。そのあと、ゆっくり署長クラスまで上がっていく。職能的自尊心については、基本的に有意差がない。

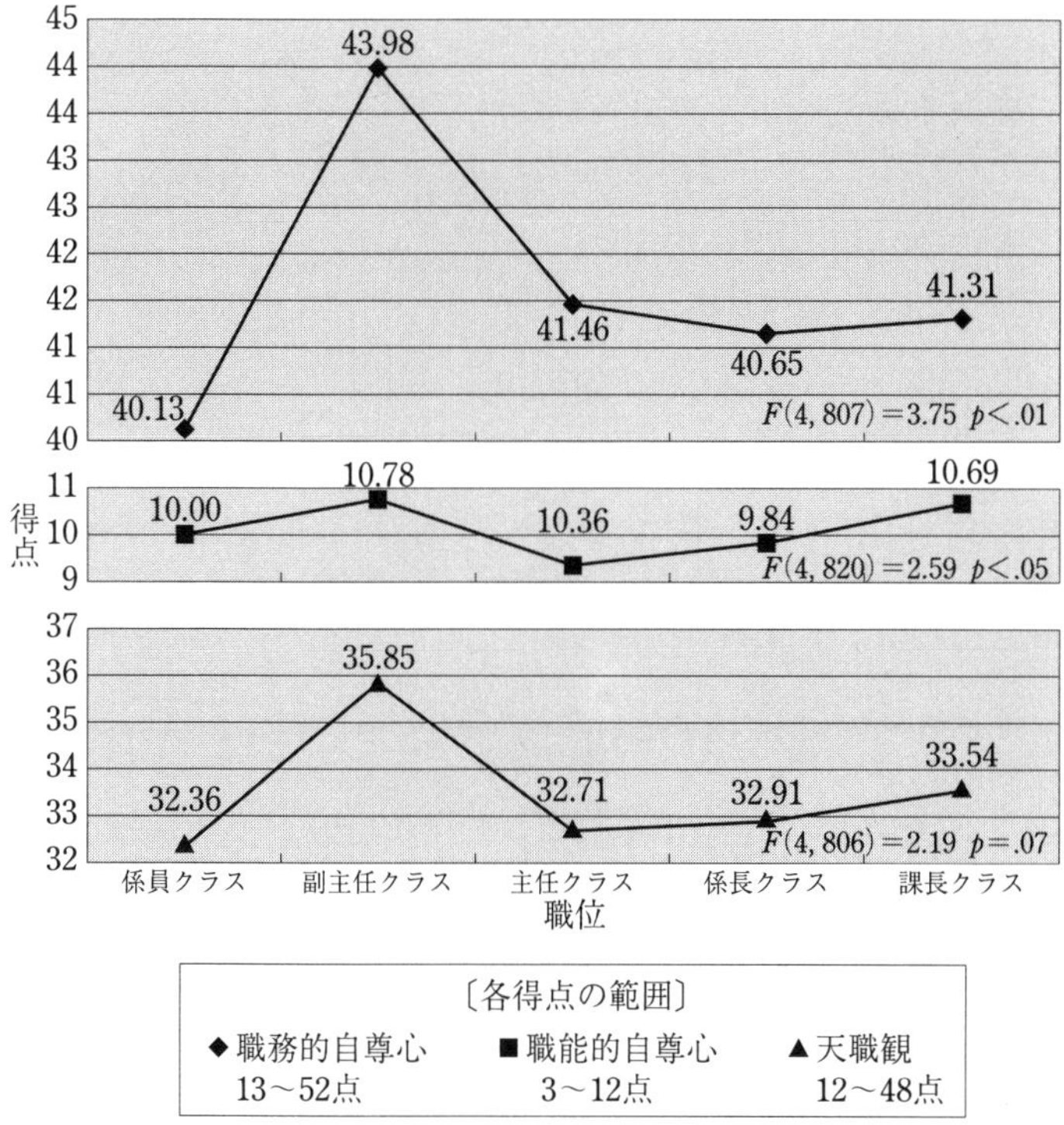

図4-5　消防隊の職業的自尊心、天職観得点の比較（職位別）

消防隊846名のデータを職位別に職業的自尊心、天職観得点を集計したのが図4-5である。職位別の内訳は、課長クラス13名、係長クラス70名、主任クラス255名、副主任クラス41名、係員クラス449名、署長クラス以上は該当者なしだった（無回答18名）。

分散分析の結果、職務的自尊心、職能的自尊心で有意差が認められた。Scheffe法による多重比較の結果、職務的自尊心、職能的自尊心ともに$\alpha=.05$のサブグループは等質だった。天職観では有意傾向が認められた。

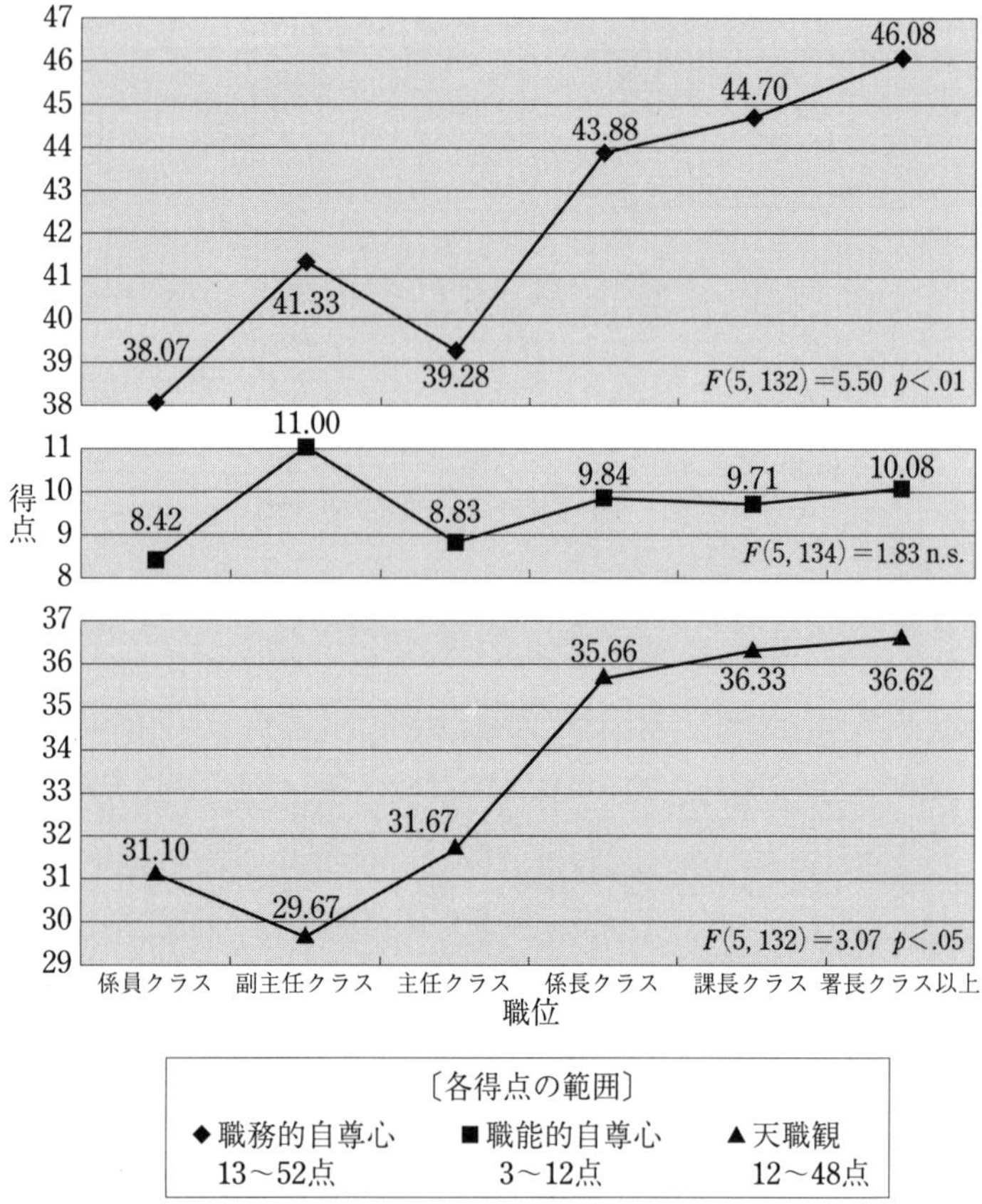

図4-6　総務の職業的自尊心、天職観得点の比較（職位別）

総務142名のデータを職位別に職業的自尊心、天職観得点を集計したのが図4-6である。職位別の内訳は、署長クラス以上13名、課長クラス22名、係長クラス32名、主任クラス40名、副主任クラス3名、係員クラス31名だった（無回答1名）。

分散分析の結果、職務的自尊心、天職観で有意差が認められた。Scheffe法による多重比較の結果、職務的自尊心、天職観ともに $\alpha = .05$ のサブグループは等質だった。職能的自尊心では有意差が認められなかった。

同様の分析を警防について行ったものが図4－7である。警防は、消防、救助、救急などの事務的支援をする仕事である。隊が隔日勤務であるのに対し、警防は日勤でそれらの事務をする仕事である。その警防では、職務的自尊心が副主任クラスのときに最高となっている。その上の主任クラスでまた下がり、そこから署長クラスまで変化がない。天職観も同じパターンにしたがっている。おそらく、副主任クラスが最大の激務で、職務的自尊心と天職観が高くなるのであろう。職能的自尊心は、職種のなかでは職位によって変化しない。

このように、職務的自尊心は、職位によって上がり下がりし、おおむねそれにつれて天職観も動いている。職位による上がり下がりのパターンは職種によってかなり異なる。職能的自尊心は、職種間の違いはあれ、ひとつの職能のなかでは職位によって変動することがない。

職業的自尊心を職務的自尊心と職能的自尊心に分けてモデルとするのは本プロジェクトが世界に先駆けて採用したモデルだが、これらの分析は、この2次元の分離の意味が大きいことを示していると考えられる。

職位による職業イメージの違い

消防という職業に対するイメージは、職位によって変わるのだろうか。図4－8に、職位ごとの職業イメージの比較を掲げる。社会的貢献イメージのみ職位によって有意に変動することがわかった。副主任クラスのときに小さなピークがあるのは、職務的自尊心や天職観と似ている。ただし、全体のピークに到達するのは課長クラスとやや早いところが第二の特徴である。課長クラスになると、一般の

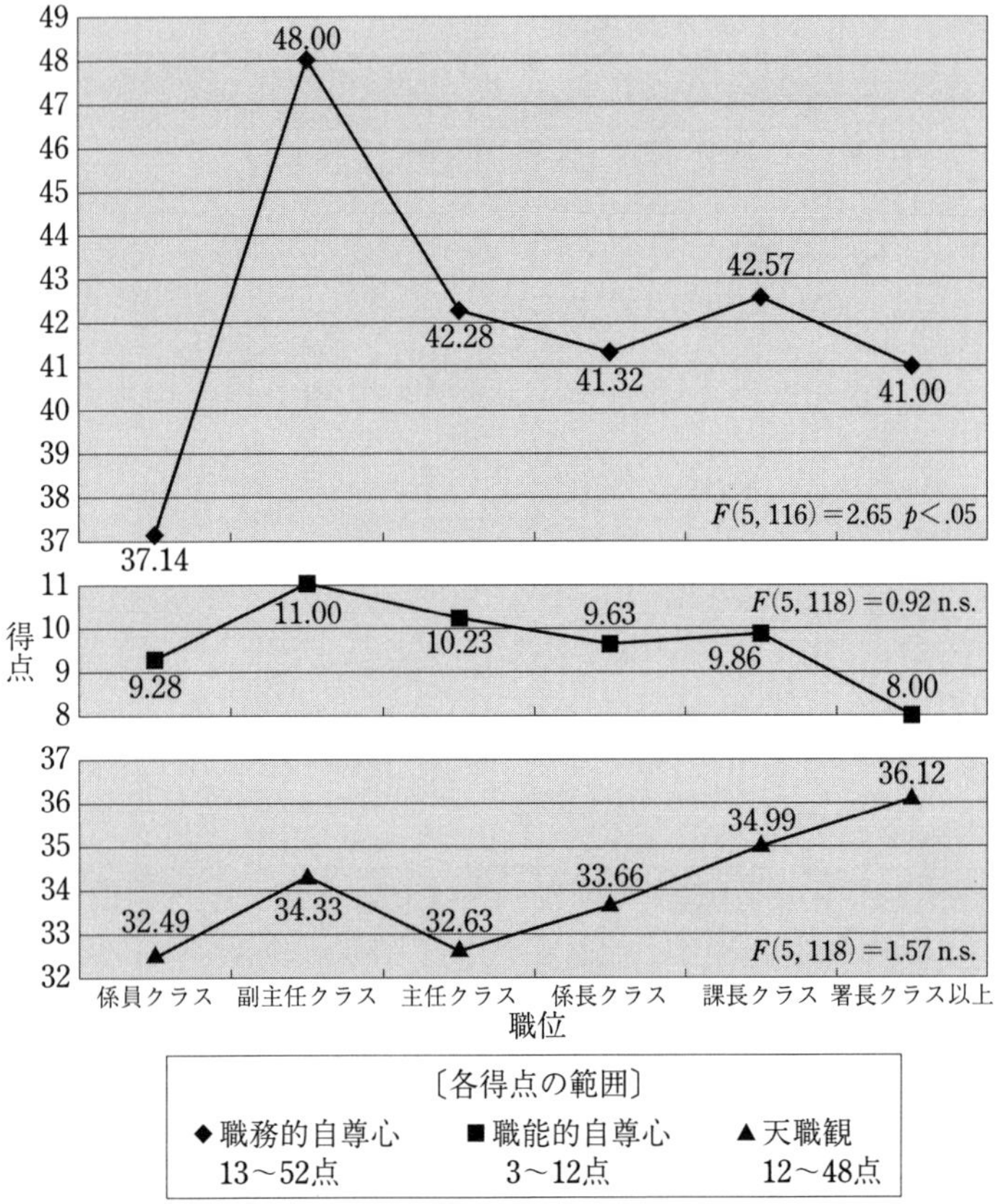

図4-7　警防（隊以外）の職業的自尊心、天職観得点の比較（職位別）

警防（隊以外）124名のデータの職位別に職業的自尊心、天職観得点を集計したのが図5-7である。

職位別の内訳は、署長クラス以上3名、課長クラス14名、係長クラス32名、主任クラス44名、副主任クラス2名、係員クラス29名だった。

分散分析の結果、職務的自尊心で有意差が認められた。Scheffe法による多重比較の結果、$\alpha = .05$のサブグループは等質だった。職能的自尊心、天職観では有意差が認められなかった。

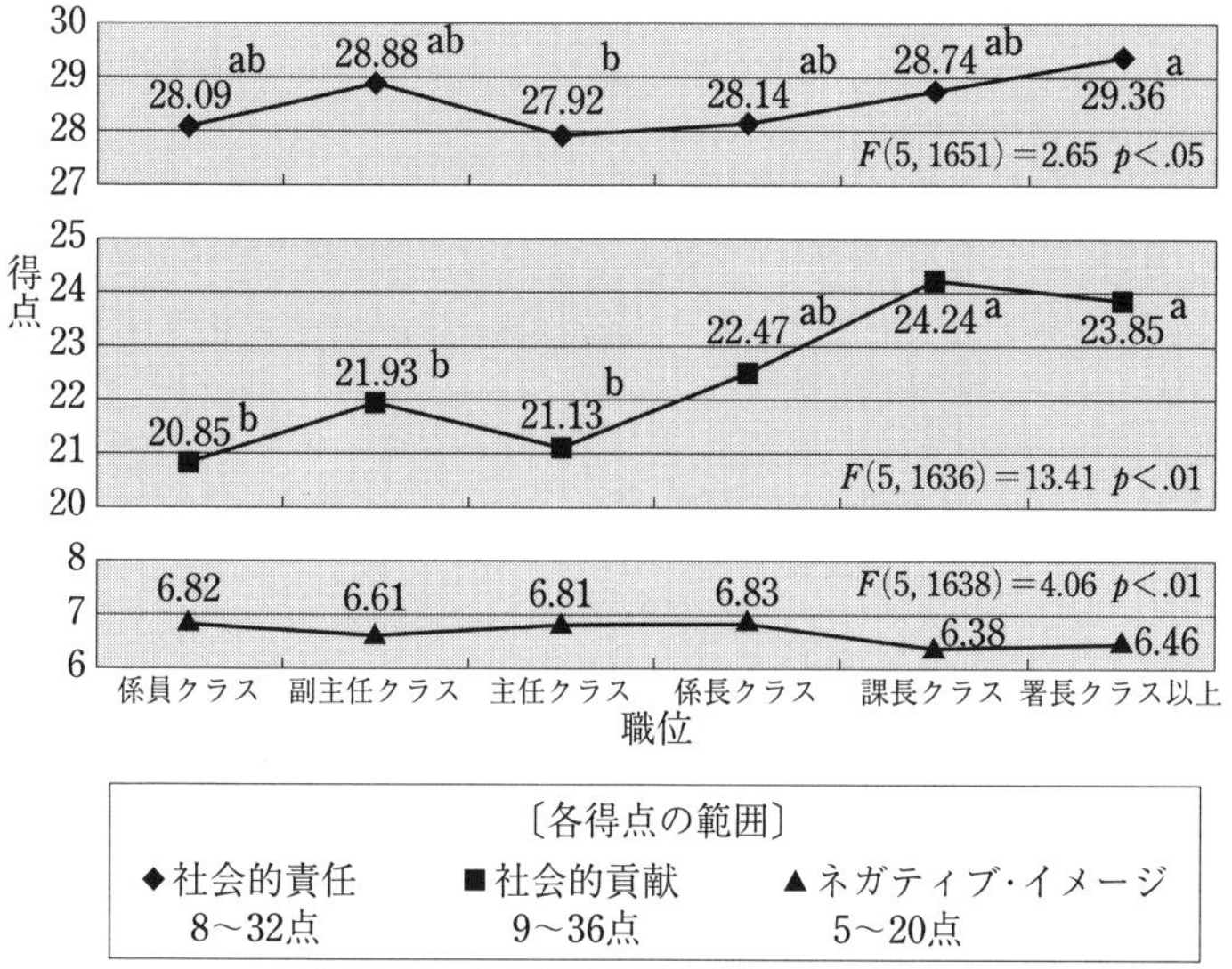

※添え字を共有しない平均値は、Scheffe法による多重比較の結果、有意差がみられたものである。

図4-8　職業イメージ得点の比較（職位別）

社会的責任得点は分散分析の結果、5%水準で有意差がみられた。

Scheffe法による多重比較の結果、署長クラス以上＞主任クラスであった。

社会的貢献得点は、分散分析の結果、1%水準で有意差がみられた。

Scheffe法による多重比較の結果、課長、署長クラス以上＞副主任、主任、係員であった。

ネガティブ・イメージ得点は、分散分析の結果、職位間に有意差はみられなかった。職位が違っても、自分の職業についてのネガティブ・イメージは大差がないと言える。

市民社会との接触や、他の役所との接触が増えるので、消防という職業の社会的貢献性を感じる機会が多くなるからではないだろうか。

第5章　属人風土と職業的自尊心

◆属人風土とは

組織風土とは

転職などによって新しい職場に入ると、その職場に慣れるまでしばらく時間がかかるのが常である。以前の職場では当たり前であったことでも、新しい職場ではなぜか少々やりづらい、もしくは、当たり前と思っていたやり方が通用しないなどということが頻繁に起こるものである。

たいていの組織には、明文化されていないけれども「うちの会社では、こういうときには普通はこうするものだ」といった、組織メンバーの行動を方向づける暗黙のルールのようなものがある。それは、その組織では当たり前でも、他の組織で働いていた者の目には奇妙に映ることもあるし、少なからず衝撃を受けることもある。そして、時間の経過によって新参者が新しい職場に馴染むにしたがって、当初感じていた違和感が徐々に薄れ、その組織のやり方を当然のものとして受け入れるようになる。つまり、組織の一員となるにつれて、暗黙のルールを暗黙のうちに身につけていくのである。

それぞれの組織には、その組織に特有の雰囲気がある。それは、メンバーのコミュニケーション方法に現れる場合もあるし、メンバーの服装や机の配置や組織図に現れることもある。組織の独自の特性は、組織風土や組織文化と呼ばれている。なかでも、「組織に所属するメンバーが自分の組織をどのように認識しているのか」を記述したものを組織風土という。組織風土は、所属メンバーの行動や価値観、組織の慣行などに影響を与える。同様の事態が生じても、組織によってその行動様式が異なるのには組織風土の影響があると考えられるだろう。

一言で組織風土といっても、いろいろな風土がある。上意下達型のトップダウンの傾向が強い組織もあるだろうし、横のつながりの強い組織風土もある。組織メンバーがてんでばらばらというのも、ひとつの組織風土である。組織風土の成り立ちという面から見ると、組織トップの価値観や組織理念に大きな影響を受けた風土もあるだろうし、個々の組織メンバーの特質の集合によって独特な風土が形成されている場合もあるだろう。

これは、一般的な会社に限らず、役所でも病院でも、もちろん消防署であっても、組織の形態をなしているものにあてはまる。

属人風土の定義

組織風土は、組織における意志決定に影響を及ぼす。意志決定にかかわる情報処理には、「その決定が組織にとってよい決定なのかどうか」という「事柄」の部分と、「それは誰から上がってきた案件に基づいた決定なのか」という「人的要素」の部分がある。基本的に、物事を判断する際には「事柄」と「人的要素」の両方を勘案するものだが、人的要素を重視する傾向が不自然に高い考え方を「属人思考」と呼んでいる。つまり、属人思考では、意見内容の妥当性よりも意見の出処（人）が重要なのである。提案者は誰で、その人は日頃から社業に熱心な人か、どこの派に属する人なのか、どこの部署から出てきたことなのかなど、何事においても事柄の良し悪しよりも「〝誰が〟の情報」が鍵になる思考である。

一般に日本の人事制度では、年齢や学歴などの属性を重視して人材の採用や配置が行われるのが普通である。欠員などによって人員補充の必要が出ると、社内外から必要な職務遂行能力をもつ人物を採用するといったアメリカの企業のようなシステムとは対照的である。さらに日本では、役職とは別に資格を設けることがある。資格は個人に付くものであるから、資格を含めて属性と考えれば、日本の人事制度は「属人性」を非常に重視するシステムであると言える。すなわち、日本の組織システムそのものが、もともと人的要素を重視しやすい作りになっていると言えるだろう。

属人思考が浸透している組織では、たとえ職場に大きなプラスのある案件でも、「誰が言っているのか」が障害になって意見が通らないこともめずらしくない。あるいは、「誰が推進者か」が皆に明らかにならないように、会議の前のプレ会議、その前のプレプレ会議による調整が行われ、本来の提案者とは異なる提案者が立てられることもある。

このような組織風土では、組織のメンバー同士のふだんの会話や行動、ちょっとした物事の処理の仕方などにおいても、「〝誰が〟の情報」が重視される傾向が見られるものである。「Aさんから頼まれたコピーなんて後回しでいい」「B君がそう言うのだから間違いない」「Cさんの言うことはいつもアテにならないに決まってる」など、誰が依頼者か、誰が発した言葉かによって、処理の順番や信憑性の有無が変わりやすい。

このように、属人思考が根深く浸透し、重要案件から日常の些細な事柄まで、いたるところに影響を及ぼすような風土を「属人的組織風土」（以下、属人風土）と呼ぶ。

属人風土と組織的違反

われわれのこれまでの研究結果から、先に述べた属人風土と組織的違反には関連があることが明らかになっている（詳しくはシリーズの巻3）。ここで言う組織的違反とは、組織で働く個人にとっての利益とは関係なく、組織にとって利益になるための違反を指す。たとえば、組織の不正を隠蔽したり、組織の利益を追求し効率を重んじるあまり必要な手続きを省いたりすることである。

さまざまな業種の職業に従事する人々を対象にしたサンプリング調査を行った結果、組織の属人風土の程度が高くなればなるほど、組織的違反が増加する傾向にあることが示されている（岡本・鎌田2006など）。たとえば、不正のかばいあいや不祥事隠蔽の指示が下る、などということが属人風土で起こりやすい。組織に不祥事が起こるのは、大企業病だとか、組織的病いに侵された結果だとか、組織のDNAのせいだ、などとと言われることがある。日常的に使われるこのような表現と属人風土には、密接な関わりがあると考えてよいだろう。

組織とは、年を重ねるに従って複雑な様相を呈するものである。特に深い考えや理念があって始めた方式ではなくても、年月を経ることでそれが慣習化され、そのうちその組織の常識となるようなことがある。そして、組織内の人々は、自身の地位や周囲の人間関係の中で、その方式が固定化されていることでがんじがらめになることもある。不正などと縁を切りたいと願っても、それがかなわない立場に追いやられる場合もあるだろう。そういった組織風土の中で、組織の不正を是正するよう個人の心がけに訴えたり、責任者の罰を重くするような方策をとることは、必ずしも効果を発揮するとは限らないのである。

これまでの研究結果から言えることは、組織的違反を減少させようと思うのならば、まずは属人風土の低減に努めることが効果的であろうということである。

属人風土と組織コミットメント・誇り

組織風土は、組織メンバーに知覚された組織の雰囲気を示すものであったが、それとは別に、組織メンバー個人の「組織に対する関わりの持ち方やその強さ」を示すのが、組織コミットメントである。簡単に言うと、「なぜその組織（会社）を辞めずに勤め続けているのか」という理由を示すものと言えるだろう。

田尾雅夫らの研究（1997）によると、組織コミットメントは「愛着」「内在化」「規範」「存続」という四つの特徴（主因子）に分かれる。その特徴を簡単にまとめると以下のようになる。

「愛着」とは文字どおり、この組織（会社）を選んで本当によかったといった組織への愛着の気持ちである。「内在化」は、自分自身を「会社の一部」のように感じる、組織と一体化した気持ちである。

「規範」とは、今この会社を去るべきではないといった世間体や、辞めることに対してある種の罪悪感があるために働き続けるという気持ちである。そして「存続」とは、他によい働き口がないからこの組織（会社）に勤めていようといった妥協や惰性を含む気持ちである。

調査の結果、自分の組織の属人風土が高いと思っている人ほど、愛着コミットメントや内在化コミットメントが低いことが明らかになった。属人風土のもとでは、メンバーは組織に対して、愛情も魅力も感じにくいということである。規範コミットメントについては、属人風土との間にまったく関連が認められなかった。最後に存続コミットメントであるが、これは属人風土と若干の正の相関が認められた。つまり、組織の属人度が高くなると、この会社を辞めたら明日から食うに困るから働いている、といったコミットメントが高くなる傾向があると言える。

これらをまとめて簡単に言うなら、属人風土のもとでは、「好きになれない職場（組織）だが、生活のために辞められないから、とりあえずのところ仕方なく働く」、といった組織との関わり方がうかがい知れる。

一般の有職者に対して、組織や職業に対する誇りと属人風土の関連についても検討した結果がある。「私は自分の職業に誇りをもっている」「私は自分の会社に誇りをもっている」という二つの項目を用いて調査したところ、属人度が高い組織では「職業に誇りをもっていない」「会社に誇りをもっていない」ことが示された。さらに、属人風土の下では、職業に対する誇りよりも、会社に対する誇りのほうが、より低くなっていた。

属人風土と組織コミットメント・職業に関する誇りとの関係の詳細は、本シリーズ『属人思考の心理学―組織風土改善の社会技術』岡本・鎌田（2006）を参照していただきたい。

◆消防における属人風土

消防官の属人風土と職業的自尊心

消防官の属人風土と職務的自尊心の相関係数は、マイナス0・11であった。若干のマイナスの相関があるので、風土の属人度が低いほど職務的自尊心が傾向にあるということができる。属人風土と職能的自尊心の相関係数は、プラス0・10であった。ここでは、先ほどとは逆に弱いプラスの相関があり、風土の属人度が高いほど職能的自尊心が低いということになる。いずれの相関も有意水準に達しているが、この程度の大きさの係数では職業的自尊心と属人風土の間に因果的な共変関係があるとは考えにくい。したがって、属人風土は、職業的自尊心とは独立した別個の作用を、働きがいや違反行動に及ぼしていると考えるほうが合理的である。ここではそのような観点からの分析を記述する。

有職者一般との比較

図5－1は、消防官と有職者一般の多種の組織風土に関する認知を比較したものである。組織風土は、分析の結果、6つの特徴（主因子）に分けられた。図5－1に示される属人風土は、5項目からなり、得点範囲は、5点から20点である。それ以外の特徴（主因子）は、それぞれ3項目からなり、得点範囲は、3点から12点である。

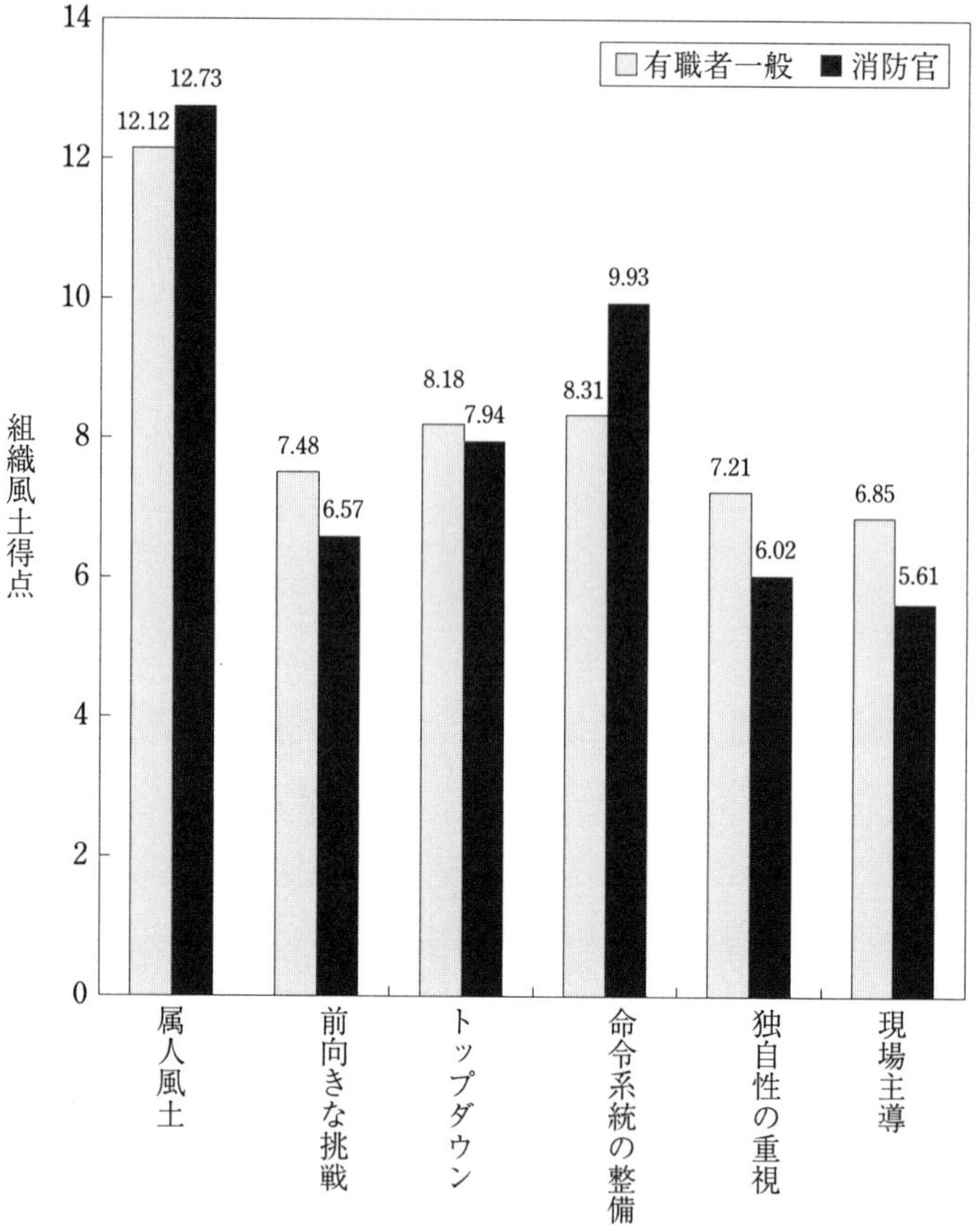

図5-1　消防官と有職者一般の比較（組織風土）

統計的検定の結果、すべての風土において消防官と有職者一般の間には有意差が認められているが、解釈にはデータ数が大きい（$n = 4193$）ことへの留意が必要である。消防官の組織風土は、有識者一般に比べて、「命令系統の整備」がされていること、「独自性の重視」や「現場主動」の傾向が弱いことがわかる。

ここで言う有職者一般とは、これまでわれわれの研究グループで収集された2478名のサンプリング（調査期間は2002年から2005年）から得られた結果を指している。このサンプルには多様な業種・職種の人々が含まれており、データ数の面においても消防官1715名に対して遜色のないものと言える。ここで、消防官と有職者一般の差異を調べるため統計的手法を用いて有意差検定を行ったところ、すべての風土因子において有意差が認められた。しかし、本調査ではデータ数が大きいために、統計分析の精度が非常に高くなり、そのためにすべての風土因子において有意差が認められている可能性がある。したがって、有意差すべてが積極的解釈に適しているかどうかには留意が必要である。

さて、図5－1をみると、有職者一般と比べて、消防官の組織風土は、命令系統が整備されている傾向が強いことが示されている。このことから、消防官の組織風土は、指示・命令・報告の経路が隅々まで行き届いたシステムであり、それが適切に守られていることがわかる。このように、消防の組織には組織秩序を重んじる規範が定着していると言えるだろう。

また、有職者一般に比べて「独自性の重視」の傾向が小さいことから、消防では、独創的なアイデアや個人のユニークさよりも仕事の堅実さが求められていること、また、「現場主導」の傾向も小さいことから、現場からの生の意見より、管理部門の力が強いことがわかる。さらに詳細に分析を行ったところ、優秀な人材はスタッフ部門に残るのではなく、管理部門に昇りやすい傾向があるとの意見が特に多く認められた。また、現場部門では、縦割り的な要素が大きいという認識が強い傾向にあった。

消防署の地域による比較

こんどは、消防官の風土のみを取り上げて、組織風土に関する分析を行った。まず、関東と関西に分けて地域別の分析を行った。それは、一般に関西のほうが人間関係の比重が重いと捉えられているので、それを確認する必要があると考えられたためである。分析の結果を図5－2に示す。統計解析の結果、「独自性の重視」と「現場主導」に有意差が認められた。このことから、関東よりも関西のほうが独自性を重視する風土である傾向があること、そして、関西よりも関東のほうが現場主導の風土がある傾向が示された。

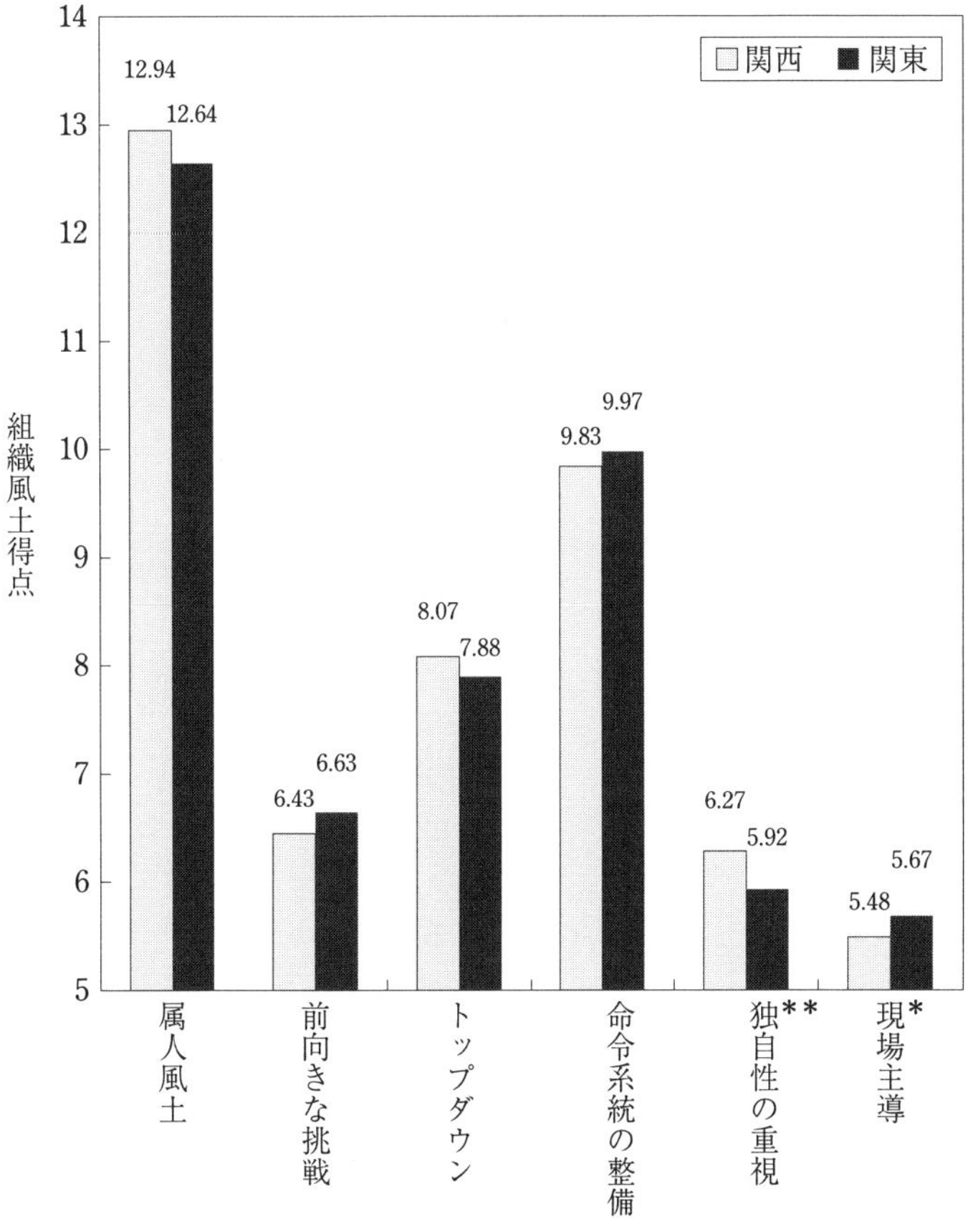

＊:地域による差が有意($p<.05$)　＊＊:地域による差が高度に有意($p<.01$)

図5-2　消防官の組織風土（地域別）

統計的検定の結果、「独自性重視」（$t(1706)=3.66$, $p<.01$）と「現場主導」（$t(1705)=2.04$, $p<.05$）に有意差が認められた。関西の方が独自性を重視する傾向が強く、一方、関東の方が現場主導の傾向が強いことがわかる。

消防署の規模による比較

次に、組織規模別に分析を行った結果を示したものが、図5－3である。消防署の規模が小さくなるほど属人風土の傾向が強くなっている。逆に命令系統の整備は規模が大きいほど行き届いている傾向が見て取れる。統計的にも、属人風土については、大規模と小規模の間に有意差が認められ、小規模の方が属人風土の傾向が強いことが明らかになった。また、大規模と小規模を比較すると、規模が大きいほうが前向きな挑戦をする傾向が強いことが示された。命令系統の整備は、大規模、中規模、小規模の間に有意差が認められた。このことから、規模が大きいほど指示・命令系統が行き届いた組織風土であるといえる。

すでに述べたとおり、これまでの研究から命令系統が整備されているほど個人的違反が少ない傾向になること、また、属人風土の傾向が高ければ高いほど組織ぐるみの不正が起こりやすいことが明らかになっている。このことから、小規模の消防署のほうが、組織内で違反が生じやすい風土をもつことが推察される。

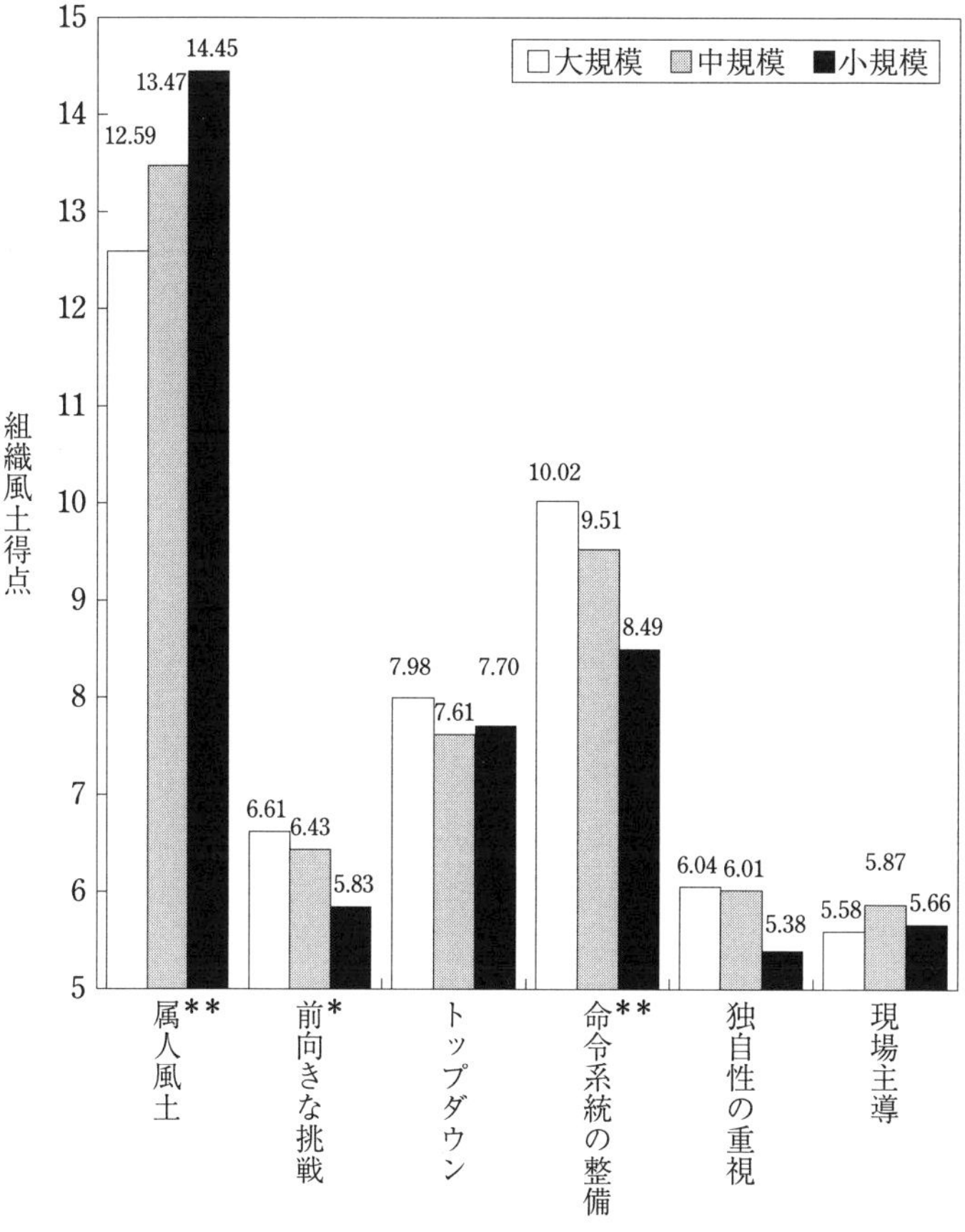

＊：規模の効果が有意（p<.05）　＊＊：規模の効果が高度に有意（p<.01）

図5-3　消防官の組織風土（規模別）

統計的検定の結果、「属人風土」（$F(2,1708)=10.04, p<.01$）、「前向きな挑戦」（$F(2,1707)=3.59, p<.05$）、「命令系統の整備」（$F(2,1706)=20.30, p<.01$）に有意な規模の効果が認められた。Scheffe法による多重比較の結果、「属人風土」・「前向きな挑戦」では、大規模と小規模の間に、「命令系統の整備」では、小規模と中規模および小規模と大規模の間に有意差が認められた。これらのことから、小規模に比べて大規模のほうが、属人風土の傾向が弱く、前向きに挑戦していく傾向が強いことや、小規模に比べて大規模や中規模のほうが命令系統が行き届いていることがわかる。

消防官の職位による比較

属人風土について、職位別に比較を行ったのが、図5－4である。

職位が高く署長クラスの職位にいる人は、特に所属組織の属人度を低く評価する傾向が認められた。これは、有職者一般の傾向と同様である。有職者一般でも、経営トップになると職場の属人度を低く評価しがちなのである。これは、消防官といえども、上の職位に就くようになると、自分の組織風土が見えなくなってしまうためではないかと考えられる。一方、属人風土をもっとも肌身にしみて感じているのが、係長クラスや主任クラスのいわゆる中間管理職であることが、この結果からうかがい知れる。

この調査では、6消防本部、35消防本署・分署、92出張所に属する1715名の職員から回答を得ており、さまざまな職位に属する消防官が回答している。消防署長や課長クラスも一般係員クラスも、同じ組織の中で働いている人が少なからず含まれているはずである。つまり、同じ組織に所属し、同じ組織風土を見ていても、職位によって組織風土の知覚が異なる可能性が大きいと考えられるのである。職位が上昇すると、組織内に生起する事態を広く認識する必要が出てくるため、どうしても目が行き届かず、組織風土に対する理解が浅くなってしまうのかもしれない。

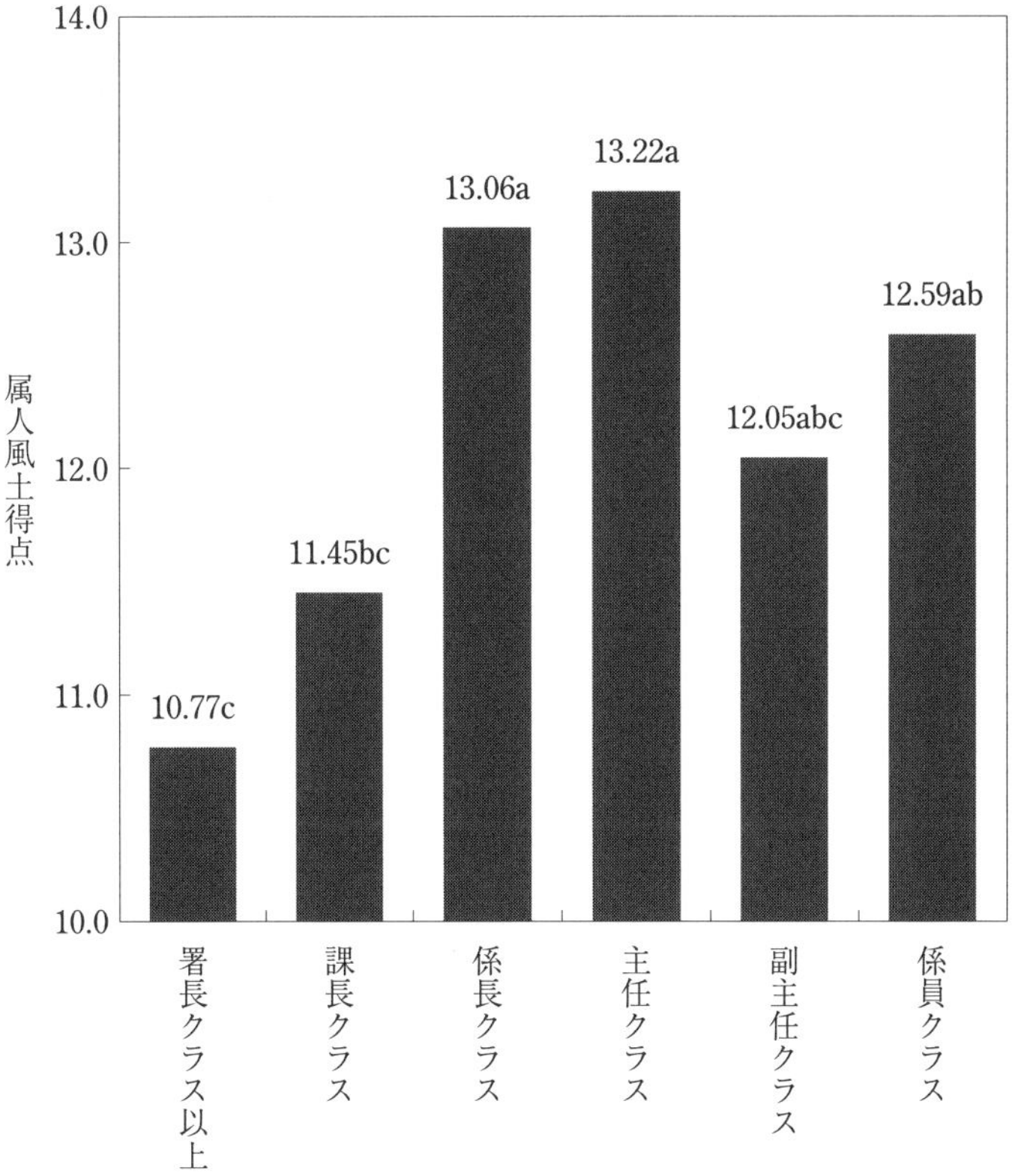

※添え字を共有しない平均値は、Scheffe法による多重比較の結果、有意差がみられたものである。

図5-4　消防官の属人風土（職位別）

属人風土の尺度得点を職位別に示したものである。得点範囲は5点から20点である。統計的検定の結果、職位に有意な効果が認められた（$F(5,1663)=6.41$, $p<.01$）。下位検定の結果、署長クラス以上と係員・係長・主任クラスの間、課長クラスと係長・主任クラスの間に有意差が認められた。署長クラス以上が飛び抜けて属人度が低いと判断しており、次に職位の高い課長クラスがあとにつづく。これは、職位が高くなるほど、自分の組織の属人度に気づきにくくなるという、有識者一般と同様の傾向と考えられる。

消防官の職種による比較

消防官の組織は、事務的な仕事から現場の仕事までさまざまな職種の人々の働きによって成り立っている。この職種によっても風土そのものや風土の認知が異なってくる。

図5－5は、消防官の職種ごとに属人風土に関する評定をまとめたものである。

まず消防隊や警防が高く、続いて救急隊が高くなっている。逆に、特に低いのは救助隊である。救助隊とは、事故や災害が起こった場合に、被害者の救助を行う職種であり、レスキュー隊がこれに入る。救急隊と消防隊はどこの消防署にもいるものであるが、救助隊はすべての消防署にいるわけではない。概して規模の大きい消防署に設置されている。救助隊では、厳しいトレーニングを行うことが日常業務のひとつであり、体力面と精神面の両方の強さが求められる。そのため、個人の能力アップをより意識しやすい職種であるといえよう。このような職種では、集団の人間関係よりも個の達成が重んじられ、属人風土に陥りにくいのではないかと考えられる。救助隊は、現場エリートと捉えられ、職務的自尊心、職能的自尊心がともに高い典型である。彼らの組織風土が属人的ではないという点は、注目に値する。

いずれも現場に近い消防、救急、警防において属人度が高い傾向にあるが、これはともに仕事をする顔ぶれがずっと変わらないためだと考えられる。

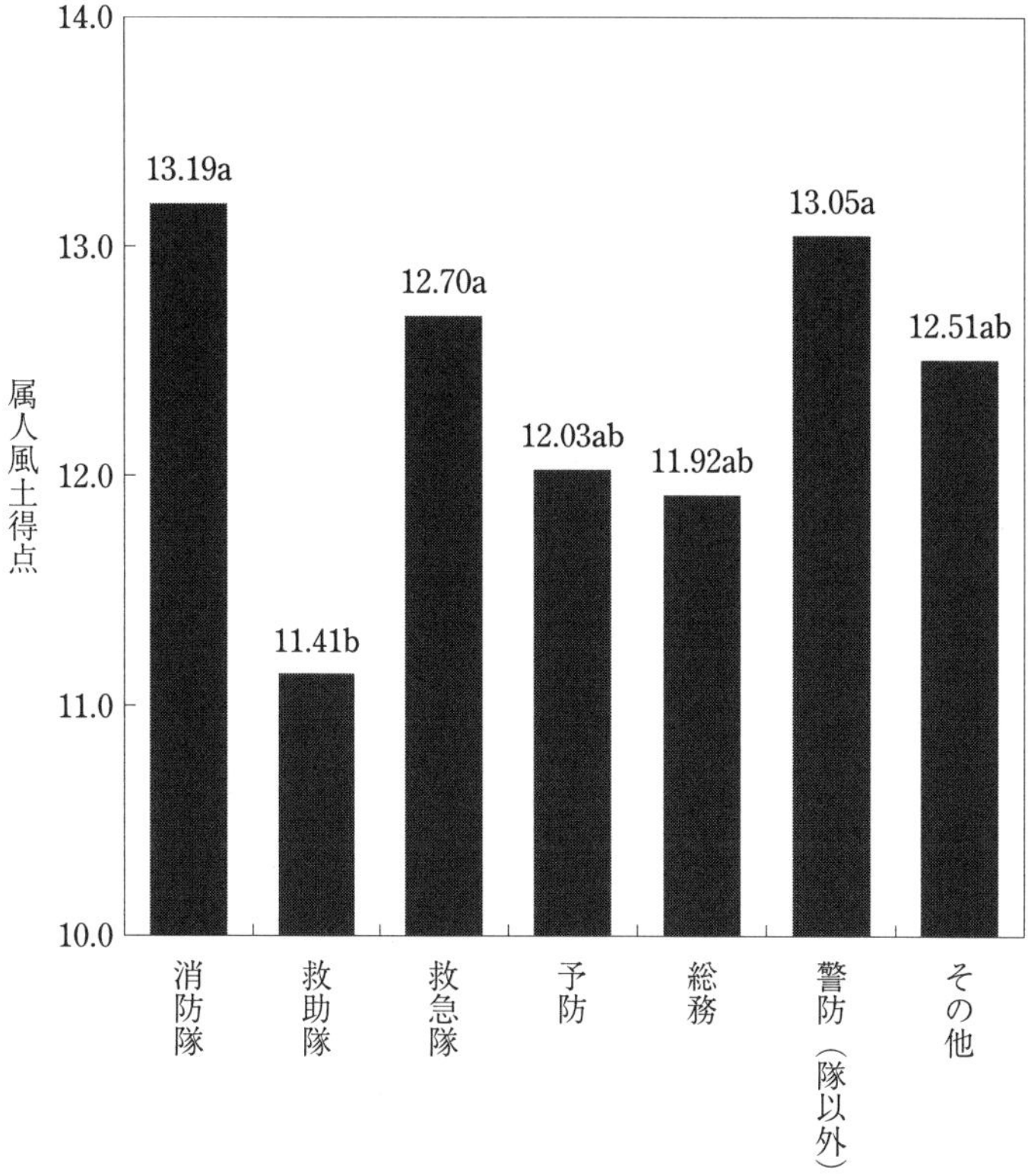

※添え字を共有しない平均値は、Scheffe法による多重比較の結果、有意差がみられたものである。

図5-5　消防官の属人風土（職種別）

統計的検定の結果、職種に有意な効果が認められた（$F(6,\ 1639)=7.79,\ p<.01$）。下位検定の結果、救助隊と、消防隊・救急隊・警防（隊以外）の間に有意差が認められた。救助隊は、消防隊・救急隊・警防（隊以外）に比較して属人風土の傾向が弱い。これは、救助隊では体力・精神両面での強さが求められ、集団の人間関係よりも個人の達成が重んじられるためではないかと考えられる。

◆消防の属人風土と組織的違反

属人風土と違反経験

先に述べたように、属人風土は、組織的違反を生む母体となる傾向にある。たとえ、一人一人が心にやましいことなく、真摯に懸命に職務に励んでいるとしても、属人風土の中では、暖かい泥水に浸かるかのように、気づかぬうちに徐々に不正に染まる可能性が高いのである。

属人風土得点の平均値を境に、平均値より得点の低い「低属人風土群」と、得点の高い「高属人風土群」の二つに分けて、それぞれの組織的違反件数をカウントした。この値を用いてカイ自乗検定を行ったところ、有意な差が認められた（表5－1）。

図5－6は、属人風土が組織違反に与える影響について、より詳細に分析したグラフである。この分析では、調査対象となったすべての消防官を、属人風土得点の低い者から順に並べて4分割し、もっとも低いほうの4分の1を「属人度－低」、次に低い4分の1（25％から50％まで）を「属人度－やや低」、その次の4分の1（50％から75％まで）を「属人度－やや高」、最後にもっとも高い4分の1（75％から100％まで）を「属人度－高」と分類した。その後、四つの群のそれぞれに属する人が、職場でどのくらい違反を犯したことがあるのか、その報告数をカウントした。

結果を見ると、全体的な傾向として、風土の属人度が高くなると「法律違反の放置」「不正のかばいあい」「上司の不正の容認」「規定手続きの省略」「不祥事隠蔽の指示」などのようなきわめて重篤な組

表5-1　属人風土と組織的違反の経験者の人数と割合（消防官）

組織的違反	高属人風土群	低属人風土群	χ^2値（自由度はすべて1）
法律違反の放置	104（12%）	33（4%）	34.55, p<.01
不正のかばいあい	81（9%）	25（3%）	27.39, p<.01
上司の不正の容認	205（23%）	59（7%）	83.32, p<.01
規定手続きの省略	277（33%）	157（19%）	33.13, p<.01
不祥事隠蔽の指示	359（41%）	152（19%）	99.71, p<.01

たとえば、「法律違反の放置」については、高属人風土群では104名（12%）の者が経験ありと答えているのに対し、低属人風土群では33人（４%）の者が経験あると答えている。高属人風土のほうが低属人風土よりも３倍も高い割合を示しているのである。統計解析の結果、この割合の差異が有意であることが示されている。このことから、有職者一般と同様に、消防官でも属人風土の傾向が高いと重篤な組織的違反が多くなることが示された。特に、上司の不正の容認や不祥事隠蔽の指示など上下関係にかかわるものが、より顕著にこの傾向が強い点が消防官の特徴である。

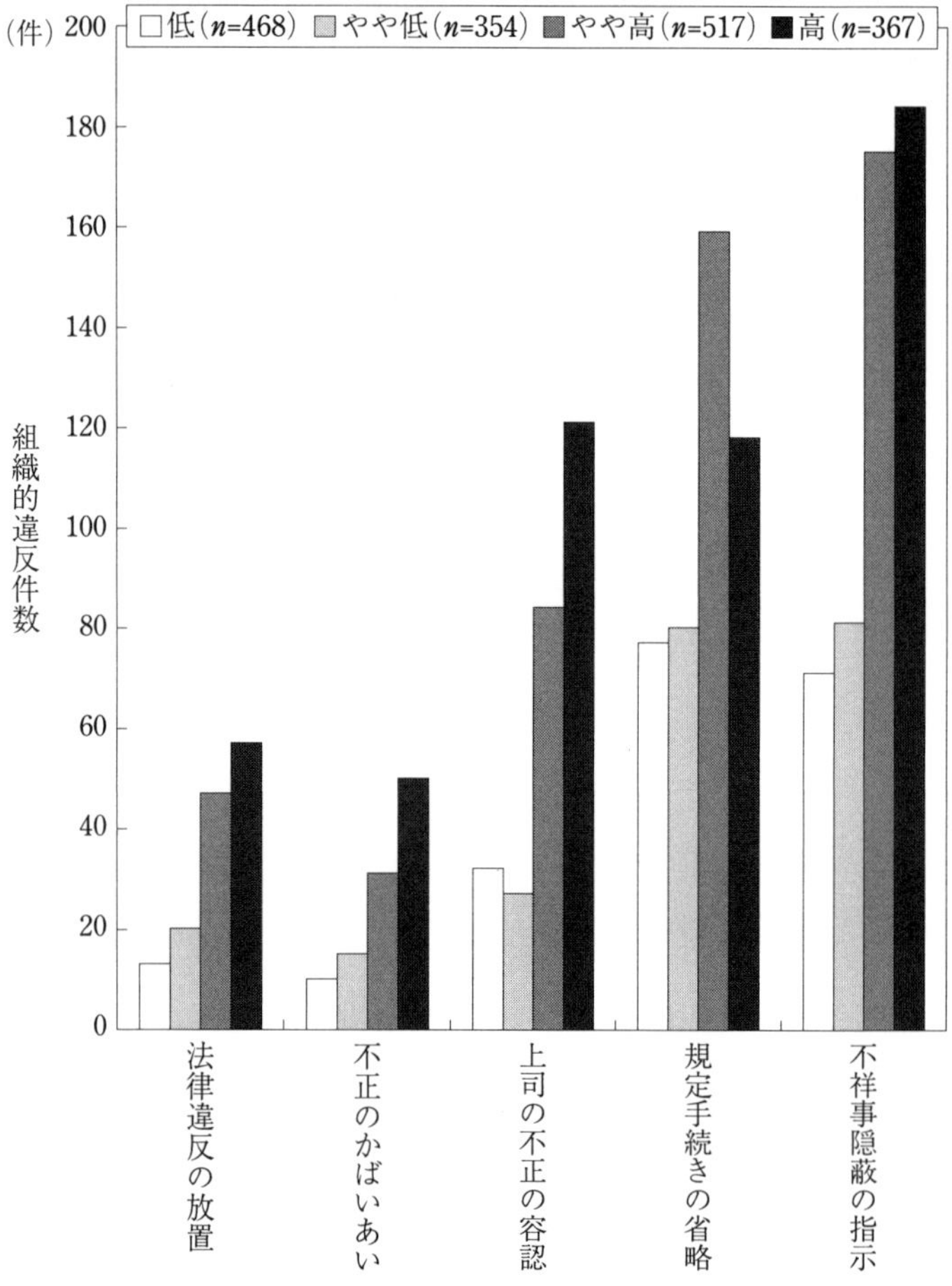

図5-6　消防官の属人風土と組織的違反件数

属人風土の程度によって「属人度 - 低」、「属人度 - やや低」、「属人度 - やや高」、「属人度 - 高」の 4 つのグループに分け、それぞれのグループにおける組織的違反の件数をカウントした図である。棒グラフの色が濃いほど属人度の高い組織を示している。この図から、組織の属人度が高いほど重篤な組織的違反件数が増加する傾向がわかる。特に、「不祥事隠蔽の指示」については、その特徴が顕著にみてとれる。

織的違反の件数が増加することが明らかになった。これは、これまでわれわれが行ってきた有職者一般を対象とした研究と同様の傾向である。つまり、消防官といえども、組織風土の属人度が上昇すると、組織的な違反が起こりやすくなるということである。

たとえば、「不祥事隠蔽の指示」を見ると、「属人度－低」71件に対し、「属人度－高」では184件と、2倍以上の違反件数である。また、「上司の不正の容認」では、「属人度－低」32件に対し、「属人度－高」では121件と、3倍に到る勢いの違反件数である。このように、消防のように命令系統のしっかりと整備された組織であっても、属人風土になればなるほど組織的違反の起こる頻度は高くなるのである。

有職者一般と消防官の違反経験

消防官と有職者一般の違反経験の割合を図に示したものが図5－7である。有職者一般のデータは、図5－2で用いたものと同様である。有職者一般と比較して消防官の特徴を見ると、「会議や打ち合わせに遅刻したことがある」や「勤務中に職場を離れて私的な用事を済ませたことがある」などの職場規律面に関する違反が明らかに少ない。これは、有職者一般に比較して消防官の組織風土のほうが命令系統が整備された風土であることとも対応している。つまり、消防官の組織風土では規律が重んじられるため、職員自身が楽や得をするためだったり、ちょっと気が緩んだために犯す、いわゆる個人的違反は少ないのだと考えられる。

また、有職者一般に比べて、消防官は残業に関連する違反が多いという点も特徴として挙げられる。

さらに、驚くべき点として、「職場の上層部から、職場の不祥事を外部に漏らさないよう指示されたことがある」割合が、消防官は一般有職者より3倍近くも大きいのである。組織内部での不祥事と、それを隠蔽する体質があることに注意する必要がある。

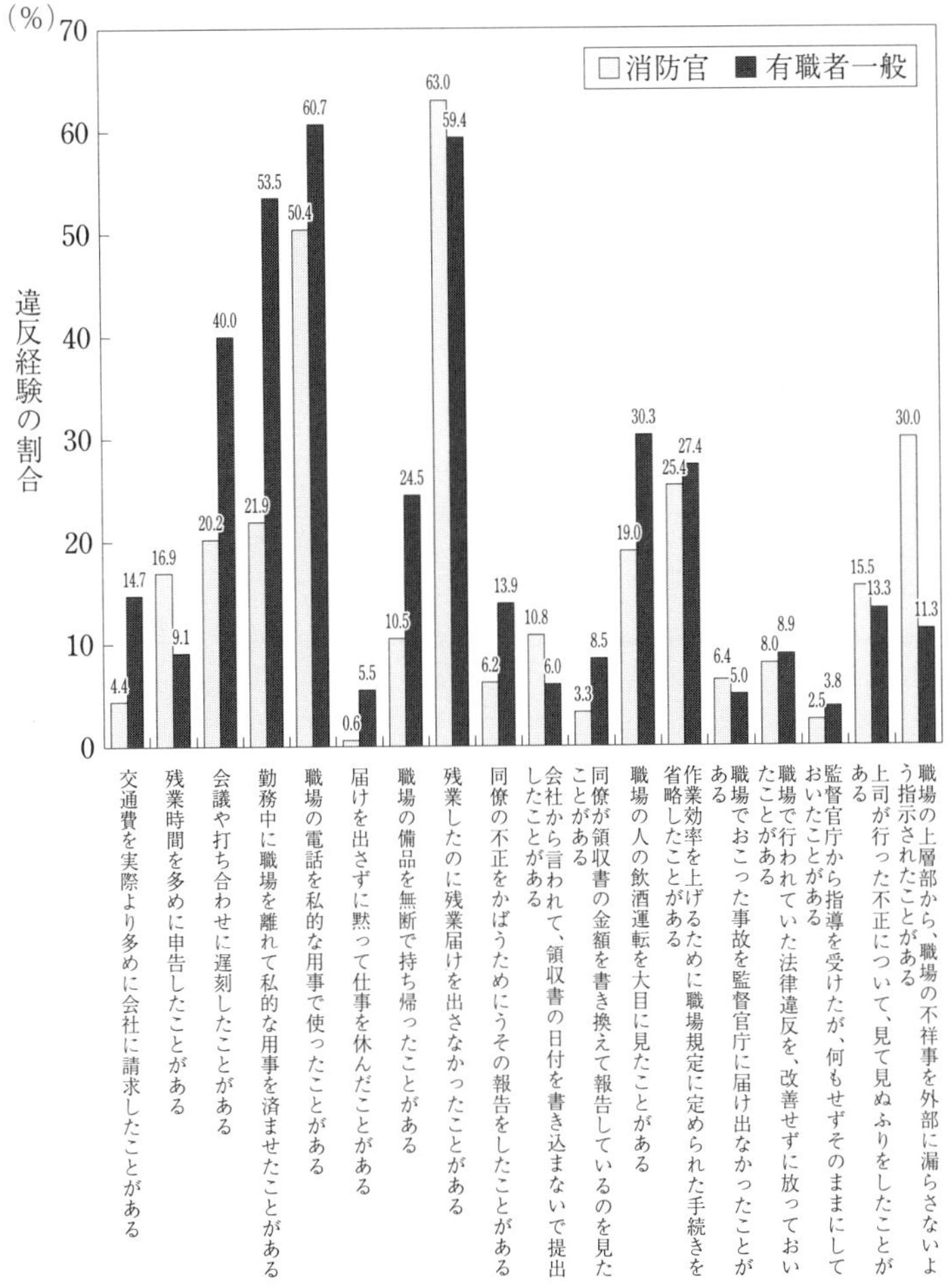

図 5-7　消防官と有識者一般における違反経験の割合（%）

消防官（n=1715）と有識者一般（n=2478）にこれまでに犯したことのある違反についてたずねた結果である。サンプル数が異なるため%で表している。消防官は不祥事隠蔽の指示を受けた経験のある者の割合が大きいという特徴がある。

第6章　職業的使命感と社会技術

表3－7（49ページ）の違反行動のパーセンテージを見ると、消防組織でも存外に違反が多いという印象をもたれる読者もいらっしゃると思う。われわれもそのような感想をもったことは事実だが、その反面、この調査に回答してくださった消防官の方々が、きわめて率直に回答してくださった証左と考えている。調査票の配布は名簿に基づき抽出確率3分の1での指名配布だったが、回収は匿名個別の回収だった。また、事前に総務省消防庁消防課だけでなく、調査先となった消防本部にすべて出向き、調査意図などをお話しした上、台帳の作成から配布回収の手順など、細かなところにいたるまで入念に打ち合わせをしたことが、信頼性の高いデータに結実したものと考えている。

これまで、社会心理学で一次元の特性として（特に根拠もなく）考えられていた職業的自尊心が、既述のように、職務的自尊心と職能的自尊心の二次元構造をもっていることは、ほぼ確実であろうと考えている。これは、本研究の新しい発見のひとつである。この二つは、主因子分析でたがいに相関しない主因子として抽出され、ほかの変数との相関を比較しても、かなりはっきりした弁別を示している。

そして、組織的違反、個人的違反とも、職務的自尊心と相関しているが職能的自尊心とは相関していない。このことは、全体として職務的自尊心が違反の抑止因になっている可能性を示してはいるが、その相関は有意とは言え、あまり強くない係数にとどまっている。

他方、社会技術研究全体として、違反行動や違反の容認をもっとも強く規定することが別のデータでも繰り返し示されている組織風土の属人思考は、本データでもかなり強い相関を示した。しかも、風土の属人性と職業的自尊心との間には、どちらかを調整することで他方をも調整できるということが期待できるような相関はなく、この両者も、基本的には別個の変数であると考えることが合理的であるように思われる。

データパターンを鳥瞰すると、働きがいや組織内市民行動のように職場におけるポジティブな心理的要素と職業的自尊心が深くかかわっており、違反につながるようなネガティブな要素には属人風土が深くかかわっていることがうかがえる。そして、ノブレス・オブリジェ（天職観）は、職務的自尊心とほぼ併行する概念であるが、違反行動の抑止には、相関の大きさから見て、職務的自尊心よりは直接的な規定力をもっていることがうかがわれるのである。さらに、属人風土と天職観尺度との相関を見てみると、マイナス0・23（きわめて高度に有意）と、職務的自尊心などよりははるかに大きい。職場風土が属人的だとノブレス・オブリジェが形成されにくいと解釈する余地がうかがわれる分析結果である。したがって、職場についてのポジティブな心理的変数群に含まれる職業的自尊心と、ネガティブな心理的変数群に含まれる属人思考とを、ノブレス・オブリジェがゆるやかにつないでいるような恰好になっている。

表6-1　職業的自尊心と組織内市民行動との相関

	組織内での援助行動	職業的勤勉	職業的完全主義	組織称揚	整理整頓
職務的自尊心	.297***	.232***	.298***	.311***	.284***
職能的自尊心	.147***	.069***	.116***	.147***	.210***

*** 極めて高度な相関 p<.001

表6-2　職業的自尊心と生きがい感との相関

	現状満足感	存在価値	意欲
職務的自尊心	.313***	.446***	.405***
職能的自尊心	.102***	.151***	.099***

*** 極めて高度な相関 p<.001

これらのデータを総覧すると、不祥事防止ということについて以下のような方策が示唆される。

組織的違反の予防にいちばん効果があるのは、組織風土の改善である。属人思考と私たちが名付けている風土特性を弱くする、少なくとも、強くなりすぎぬようにすることが、組織的違反予防にいちばん大切なことである。しかしながら、それにつぐ要因として、職務的自尊心を高くする工夫が効果を発揮しうることも本データが示すところである。

職能的自尊心は、どちらかというと仕事の種類・内容と職場規模によって決まる側面が強く、同一職種のなかでは、地位の上昇による変化がほとんどない。他方、職務的自尊心は、職種の影響も受けるが地位の影響も大きく受け、心理的要因、環境的要因の影響を受けやすいことが示唆される。組織内市民行動は、組織に対するポジティブな態度を大きく反映するものだと考えられるが、組織内市民行動との相関は、職務的自尊心がとくに高い。同様に、現状満足感、存在価値、意欲などの生きがい感は、職務的自尊心と強く相関している。

これらを考え合わせると、職業的自尊心のうち、違反行動と弱いながらも逆相関をもつ職務的自尊心は、対人行動や生きがい感をも含む広範な職場構成要素によっても左右されることが予想される。

組織内市民行動のような対人行動は、その多くが、ミームである。ミームとは、コミュニティーのなかで観察学習によって伝搬し維持される行動特性を指す概念である。いわゆる、職場の空気、職場のあたたかさというような要素が組織内市民行動などに依存して形成されていることが予測されるわけである。それと同時に、職務的自尊心は報酬や制度を含むさまざまな待遇措置を通じて維持される面もあることが予測される。

このように考えてくると、中長期的には、報酬・制度などの整備とともに、それぞれの職場において同僚などに対するポジティブな行動交換の水準を上げる工夫が、中長期的には高い職務的自尊心の維持を生み、ひいては、組織的違反を生じにくい職場を生むのではないかと考えられるのである。

社会技術のための心理学研究では、これまでの事例分析と理論的な研究から、組織的違反のもっとも直接的な原因が意志決定手続きの瑕疵、それよりやや間接的な準直接的原因が組織風土の属人思考、それよりさらに間接的な要因が職業的自尊心、これらとは独立した要因が、内部申告等の制度と研修の欠如と考えていたのであった。第3巻をお読みいただければいっそうはっきりとおわかりいただけるように、属人風土の規定力の強さは他の要因を上回っている。しかし、それにつぐ重要性が職務的自尊心にあったことがわかったことは、当初の予期どおりであった。しかし、職務的自尊心がかくも多くの他の要因と相関をもち、その意味で大きな調整可能性が示されたことは望外の収穫であった。それと同時に、職業というものがわれわれにとって心理的に大切なものであり（人はパンのみにて働くにあらず)、職業のポジティブな意味あいの中核に職務的自尊心が存在していることがわかったことは、社会技術研究としても大きな意味をもっている。また、このサイズが大きく回収率の高かったデータによりこのような所見が示されたことは、職業社会学、組織社会学、産業心理学の今後の研究にも貢献するところがあるはずである。

この研究のいろいろな発見は、方法論的にも妥当性の高いものであると考えている。消防というひとつの職業の中で全業種全職位が偏りなく含まれているデータに基づいていることは、この研究の場合、弱点でなく、むしろ大きな長所として機能している。これら発見の妥当性は大きいと考えているが、今後、より多くの職業、職種において、職業的自尊心、ノブレス・オブリジェ、属人風土、組織的違反行動、個人的違反行動の関係を調べるときに、本研究がよいモデルとなることを確信している。そして、多くの職業人の心中に遍在するノブレス・オブリジェの心理的記述にたどり着くことが真に必要なことである。

あとがきにかえて——本シリーズの位置づけ

社会技術研究の生いたち

巻末にあたり、社会技術の社会心理学研究グループの形成経過から本書成立までの過程を簡単に記しておきたい。

1999年9月30日にJCO事故が起こった。事故収束後、政府はただちに事故調査委員会を招集した。委員の委嘱が故小渕恵三内閣総理大臣名でなされたこと、委員長に吉川弘之日本学術会議会長（当時）が任命されたことを見ると、政府がこの事故をいかに重大視していたかがうかがわれる。また、事故調査委員会の委員に社会科学者二名が任命されたことも原子力関係では異例だった。岡本は、事故調査委員のひとりとして、事故の経緯をつぶさに学ぶこととなった。委員会は中間報告を経て、12月24日に最終報告として「ウラン加工工場臨界事故調査委員会報告」を内閣総理大臣に提出した。その報告書は、Ⅵ章「事故の背景についての考察」で、法的措置、工学的措置だけによって安全を確保するのには限界があり、社会科学の援用が必要であることを明記した。これが、社会技術研究の契機となった。

具体的な記述を若干例示するとつぎのようである。

したがって、今回のＪＣＯ臨界事故から得られる教訓として①的確な危機認識の形成とその維持の重要性、②的確な事前・事後の安全確保対応の策定、③安全確保対応のハード化、④ハード化が困難な部分について、ソフト型の安全確保対応の実現を保障するための安全確保支援（人文社会科学的な技術・技能という発想）の導入とその開発、⑤危機認識の形成と維持にはじまり、安全確保対応及び安全確保支援の策定・実現、並びにこれに要するコストの負担に至るまで、安全社会システムの総合設計の重要性、の５つが認識された。（Ⅵ－18ページ）

（b）社会心理学的装置の導入：各種の安全確保対応や支援の健全な作用をより確実にするためには、その担い手である人間の心理面に着目した工夫が随所に凝らされるべきであろう。匿名性の排除（公的団体への従事者の登録制度、手順・作業申し送りの著名励行等）や作業環境の整備による責任感・自己知覚の向上など、心理学的に実証されている様々な効果をハード・ソフト両面から加える（社会心理学的装置）ことにより、人間が潜在的に有する責任感、向上心に適度な刺激を常に与え続けることが望まれる。（Ⅵ－23ページ）

この報告書を受け、翌２０００年4月、科学技術庁（当時）のもとに「社会技術の研究開発の進め方に関する研究会」が組織された。座長は、この経緯から、ＪＣＯ事故調査委員長を務めた吉川弘之博士だった。この委員会には、後に初代、二代の社会技術研究システム統括をお務めになる加藤康宏（当時、科学技術事務次官）さん、佐藤征夫さん（当時、日本原子力研究所理事）のご両所とともに、岡本も委員として参加した。委員会は審議を重ね、同年12月に提言「自然科学と人文・社会科学の複数領域の知見を総合して新たな社会システムを構築していくための技術（社会技術）推進の必要等」

をとりまとめ、それを受ける形で、2001年3月の第二期科学技術基本計画（閣議決定）において、社会技術の構築がその政策の一つに位置づけられたのである。

「社会技術研究システム」立ち上げのための作業は2001年4月より開始された。同時に「ミッション1」と呼ばれる研究群の立ち上げが日本原子力研究所（当時）のもとで行われた。社会心理学研究グループはその中核として、2001年4月から専任研究員を擁し岡本の指揮のもとで研究に着手した。鎌田晶子は、その当初から、堀洋元は2002年2月から専任研究員として着任し、下村英雄は、非常勤研究員としてさまざまな形で終始かかわってきた。

吉川座長は、社会技術という概念を、科学技術と対置してつぎのように捉えておられた。

自然科学技術（自然科学を応用した技術）→科学技術
社会科学技術（社会科学を応用した技術）→社会技術

後に、この社会技術の概念が「社会のために役立つ技術」と拡張された。それが、以後のプロジェクトが多彩な領域を含み多士済々になるという実を生みもしたが、同時に、ミッション2以後の研究からせっかくの社会科学が失われた背景になったとも考えている。この原因帰属が当を得ているかどうかの議論は別として、私はこの定義拡張には当初から不同意である。「技術」という用語は、広辞苑の「科学を実地に応用して自然の事物を改変、加工し、人間生活に応用するわざ」という記述を参照するまでもなく、概念内容に「社会のため」という意味内容を不分離にそなえている。「社会のために役立つ技術」は重複定義であり、たんに「技術」と言ったのとなんら変わらない。

新しい研究、新しい視点には新しい概念定義が必要だが、その概念にはなんらかの緊張関係と論理の移調が含まれていなければならない。緊張が創発を生み、移調が手法を規定する。最初の定義は自然科学技術との対比という形で緊張と移調をそなえ、定義としての役割を果たしていたが、「社会のために役立つ技術」にはそれがない。何世代かのミッション終了後に社会技術研究の評価がくだされるとき、この定義変更の鼎の軽重が再問されるはずである。私どもの社会心理学研究が当初、日本原子力研究所をホストとして立ち上がったという事実が、原初の定義に緊張と移調が含まれていたことの強い傍証である。

本シリーズの成り立ち

社会心理学研究グループでは、ＪＣＯ事故を中心に、さまざまな組織不祥事の発生経緯、なかでもとりわけ組織心理学的な側面に注目して分析を行い、問題をつぎのように分割した。

（1）会議とインフォーマルな懇談による集団意志決定の機能不具合
（2）組織的違反の原因となる組織風土の特定と測定
（3）内部申告を含むコンプライアンス行動の人格要因と状況要因
（4）使命感・コンプライアンスを生む職業威信
（5）価値観などの主要態度の間接測定法の開発

ＪＣＯ、雪印乳業、三菱自動車工業などの不祥事は、工程変更やラベル貼り替え、リコール隠し、などの反社会的行為を組織として決定して行っていた。不祥事を警戒する反対意見もあったはずだが、会議や懇談などの意志決定の機会が、そのような慎重意見を強圧する場として機能したことが確かである。不適切な意志決定の防止のためには、意見表明が適切にし得る社会心理学的に適切な招集方法、議事進行、意志決定の手続きを社会技術として編み出す必要がある。それが（1）の課題である。

フォーマルな意志決定手続きが、すべての場合に用いられるとは限らない。調べてみると、不祥事が組織内で発覚したときにそれを公式の報告や意志決定のルートに載せるかどうか、さらに、前例が乏しい新しい探索的課題が行われているときにどの時点からそれを正規の意志決定手続きに載せるかなどについては、組織なり職場なりがもっている風土が影響する。（2）の属人思考はそのような研究のすえ、私たちが捉えることに成功した思考傾向である。

意志決定手続きと組織風土の両方に問題のある組織が反社会的行動を継続し、組織トップがそれを容認しているという状態が続くと、内部申告を含むコンプライアンス行動がそれに終止符を打ち得る最後の手段となる。内部申告、コンプライアンスをめぐる規程は、現在、各組織で鋭意整えられつつあるが、実際のコンプライアンス行動は、規程そのものよりも、規程の心理的認知や周囲の同僚の価値判断の影響を強く受ける。適切な内部申告が行われ得るためには、社会心理学的環境の整備が必要である。それが（3）の研究課題である。

違反行動への影響プロセスが、決定手続きや組織風土よりもさらに間接的だが長期的に重要なものとして、職業的使命感（ノブレス・オブリジェ）と職業威信をあげることができる。本書はこの第四群の研究の主要部分のひとつをまとめたものである。私どもの研究では、従来、一次元モデルであった職業威信の研究に改善を加え、「職務的自尊心」「職能的自尊心」の二次元モデルで職業的自尊心を捉えることが妥当であることを実証した。それが（4）の研究群である。

これらの知見は、企業研修やコンプライアンス研修、さらには、人事政策の構築に活用可能である。このような心理学的社会技術プログラムの有効性を評価するためには、通常の質問紙方式による直接測定のほかに、被験者に測定次元の推測などがしにくくホンネの測りやすい測定手法が必要となる。（5）の研究はそのためのものである。

謝　辞

本書のような研究では、実際の職場にもとづいた調査が不可欠だが、近年、社会心理学の研究は、データを得ることがますます難しくなっている。それにもかかわらずこのような調査が可能だったのは、当時、総務省消防庁消防課・課長補佐でいらした重徳和彦さん（現、広島県総務部財政室長）が、研究計画をご聴取くださり、それぞれの消防本部に橋渡しをしてくださったからである。また、当時、総務省消防庁消防・救急課へ職員第一係長としてご出向中だった佐々木功喜さん（現、横浜市安全管理局総務部人事課職員担当係長）は、私どもの数次にわたる質問紙改稿のたびに丹念に相談に乗り、消防職の実情と質問紙の乖離を埋め、サンプリングそのほかの細かなことどものひとつひとつに指導・助言をくださった。衷心より感謝申し上げる。調査開始直前の10月23日に新潟県中越地震が起こり、重徳さんは救助と復興の調整・指揮のため現地と東京を目まぐるしく往復なさる生活となった。それを目の当たりにするにつけ、消防関係者の強いノブレス・オブリジェの具体的な姿を身近に目にすることができた。

調査対象となった各消防局も、局長、人事部長、署長さんあげての協力体制をとってくださった。どこでも、震災地への応援派遣などのため、調査台帳の細かな調整が必要な状況で、高い回収率と匿名回収を可能にするために、こと細かな連絡を頻繁にとりあうこととなり、入念・ご親切なご協力を賜った。プライバシー厳守のためお名前を記すことができないが、大変恐縮に感じている。

また、重徳さんにご紹介をくださったのは、当時、総務省政治資金課長だった丹下甲一さん（現、公営企業課長）である。ご自身もかつて消防課の仕事をなさり、消防職員のノブレス・オブリジェを身をもって痛感しておられたことから、本研究の重要性をご理解くださった。御礼申し上げる。

そして、なにより、ご多忙な中、時間を割いて、長い質問紙にご回答下さった多くの消防職員のみなさんに、心からの感謝を申し上げたい。

五年間の研究を終了するにあたり、こうして研究成果を概観するとあらためて胸に去来するものがある。多くの風雪から私どもの研究を守り支えてくださった方々に御礼を申し上げたい。

佐藤征夫博士（現在、東京女子医科大学事務局長・教授）は、2000年4月の科学技術庁「社会技術の研究開発の進め方に関する研究会」に私と同席された立ち上げ以前の段階から、日本原子力研究所の社会技術担当理事、研究システムが科学技術振興事業団に移ってからは科学技術振興事業団理事と社会技術研究システム統括、という形で、2005年の5月まで、政府提言、立ち上げ、研究実施のほぼすべてのプロセスに立ち会ってくださったことになる。この間、行政をご覧になられただけでなく、若い研究者とランチをともにし、彼らの研究に身を乗り出すようにして関心を持ってくださった。その薫陶は年を経るごとに彼らの研究に開花することだろう。私も、佐藤さんとの心の交流が大きな励みだった。感謝を記しておきたい。

初代の社会技術研究システム統括の加藤康宏さん（現在、海洋研究開発機構理事長）からも多くのご指導とご援助を賜った。

次長をなさった植田昭彦さん（現在、先端医療振興財団常務理事）とは、旧科技庁の未来技術予測の委員会につづいて二度目のご交誼となった。

立ち上げから原研時代の担当課長だった宮川修治さん（現在、日本原子力研究開発機構産学連携推進部次長）と根岸光治さん（現在、日本原子力研究開発機構システム計算科学センター業務課主査）からは、力強いバックアップをいただいた。

２００５年1月まで社会技術研究開発センター・副センター長をお務めだった岩崎健一さんは、日本原子力研究所から科学技術振興事業団への移管時と、研究終了時の二期にわたって事務部門を統括してくださった。柔軟な思考で、多くの困難を克服してくださった。

平尾孝憲さん（研究開発主幹付）、小正繁男さん（運営室調査員）には、とりわけお世話になった。前任の泉直行さん（現在、ＪＳＴサテライト新潟事務局長）、嶋瀬俊太郎さん（現在、ＪＳＴ研究基盤情報部研究基盤課計画係長）から運営の最終バトンを引き継がれ、難事山積のなか、研究者魂に感得した運営者魂を発揮してくださった。男気あるご支援は、深い感銘とともに生涯忘れられない。

市川惇信博士（東京工業大学名誉教授）は、初期には研究を評価するフォーラム議長、最終年度にはセンター長としてご指導いただいた。異見にも耳を傾けてくださり、ざっくばらんな心の深さで窮状を何度も救っていただいた。

堀井秀之さん（東京大学工学系研究科教授）は全研究期間、研究副統括、研究統括として岡本の相談に乗り、要求水準を明確化することで多くの刺激をくださるとともに、予算を含む研究資源の確保に努めてくださった。

この五年強、あまりに忙しく、これらの人々と酒を酌み交わす時間はおろか、ゆっくり御礼を述べるいとまもない生活だった。この場を借りて御礼を申し上げる。ほかにも、ミッション1の同僚研究者、期なかばで異動された運営室職員の方々など多くの方々のご支援を賜った。すべての方のお名前を記す紙幅に恵まれないが、御礼を申し上げる。

政府主導の予算で絶えず評価を受けながら大きな研究を進めるという経験は文科系では稀有で、私自身も成長の機会を得た。この年月は生涯の宝である。この間、研究へ没頭が可能だったのは、高木栄作さん（東洋英和女学院大学人間科学部教授）をはじめとする職場の同僚教授がたの友誼によるところが大きい。

準備期間を含めた六年間という年月は、プロジェクトメンバーひとりひとりにとって、研究者人生の中核をなす長期間であった。応用社会心理学研究に本来あるべき陽の目がきちんとあたる時代がやがて訪れることを憧みたい。私どもの研究がそこへ至る道標のささやかなひとつとして顧みられる日があれば幸いである。

新曜社の塩浦暲さんは、若い研究者から筆客に育てた人の多いことで出版界では知る人ぞ知る編集者である。塩浦さんの学術への静かで深い情熱がなければ、本叢書も本書ももとより成らなかったものである。最後に深謝申し上げる。かつて単著の処女作を世に出してくださった塩浦さんに二〇余年後このような形でまたお世話になれたことも、研究者人生望外の喜びであった。

平成18年水無月

岡本浩一

〈組織の社会技術〉シリーズ　★は既刊書（表示価格は税抜きです）

次々発生する根幹企業の重大事故や不祥事。モラル向上を唱えたり、法の整備や工学技術に解決を求めるだけでは対応できない。組織の危機管理には、社会技術からのアプローチが必須なのである。最新の研究成果に基づいて危機発生のメカニズムと対策を多角的に解説する、組織マネジメント必携のシリーズ。

1『組織健全化のための社会心理学――違反・事故・不祥事を防ぐ社会技術』
岡本浩一・今野裕之 著

2『会議の科学――健全な決裁のための社会技術』
岡本浩一・足立にれか・石川正純 著

★3『属人思考の心理学――組織風土改善の社会技術』（2100円）
岡本浩一・鎌田晶子 著

4『内部告発のマネジメント――コンプライアンスの社会技術』
岡本浩一・王　晋民・本多－ハワード素子 著

★5『職業的使命感のマネジメント――ノブレス・オブリジェの社会技術』（1500円）
岡本浩一・堀　洋元・鎌田晶子・下村英雄 著

組織の社会技術5

新曜社

職業的使命感のマネジメント

ノブレス・オブリジェの社会技術

初版第1刷発行　2006年6月30日©

著　者　岡本浩一・堀　洋元
　　　　鎌田晶子・下村英雄

発行者　堀江　洪

発行所　株式会社　新曜社
〒101-0051　東京都千代田区神保町2-10
電話 03-3264-4973(代)・FAX 03-3239-2958
e-mail　info@shin-yo-sha.co.jp
URL　http://www.shin-yo-sha.co.jp/

印刷　光明社
製本　光明社

Printed in Japan

ISBN4-7885-1001-4 C1011

著者紹介

岡本浩一（おかもと　こういち）

東洋英和女学院大学人間科学部教授。内閣府原子力委員会専門委員兼務。1980年，東京大学文学部卒業。1985年，東京大学大学院社会学研究科第一種博士課程単位取得満期退学。2000年，社会学博士（東京大学）。1993～94年，フルブライト助教授としてオレゴン大学のポール・スロヴィック教授のもとよりリスク心理学の手法をわが国にもたらす。JCO臨界事故，東電シュラウド傷不報告事例など多くの事故・不祥事で政府の調査委員をつとめる。2001～2006年，（独）科学技術振興機構社会技術研究開発センター（日本原子力研究所社会技術研究システムから移管・改組）社会心理学研究グループ・リーダー兼務。また，学校法人裏千家学園茶道専門学校理事を兼務。『社会心理学ショートショート』（新曜社）は，大学レベル教科書の古典として広く用いられる。他に『無責任の構造』『権威主義の正体』（PHP新書），『リスク・マネジメントの心理学』（編著，新曜社），『JCO事故後の原子力世論』（ナカニシヤ出版），『属人思考の心理学』（鎌田と共著，新曜社）など。

堀　洋元（ほり　ひろもと）

日本大学文理学部非常勤講師。

1994年，日本大学文学部文理学部心理学科卒業。1997年，日本大学大学院文学研究科心理学専攻博士前期課程修了。

2001年，日本大学大学院文学研究科心理学専攻博士後期課程単位取得退学。2002年より日本原子力研究所社会技術研究システム社会心理学研究グループ研究員（後に移管・改組により，（独）科学技術振興機構社会技術研究開発センター社会心理学研究グループ研究員）。主著『リスク・マネジメントの心理学』（分担執筆，新曜社）。

鎌田晶子（かまだ　あきこ）
文教大学人間科学部専任講師。
1992年，日本大学文理学部心理学科卒業。2000年，日本大学大学院文学研究科心理学専攻博士後期課程単位取得満期退学。2002年，博士（心理学）。2001年，日本原子力研究所社会技術研究システム社会心理学研究グループ研究員，2004年より現職。主著『ヒューマンエラーの科学』（分担執筆，麗澤出版会），『属人思考の心理学』（岡本と共著，新曜社）など。

下村英雄（しもむら　ひでお）
労働政策研究・研修機構職務キャリア分析部門副主任研究員。
1991年，筑波大学第2学群人間学類卒業。1997年3月，筑波大学大学院博士課程心理学研究科単位取得満期退学。2003年，博士（心理学）。1997年日本労働研究機構キャリアガイダンス研究担当研究員。組織名変更および昇進により2003年より現職。主著『現代のエスプリNo.427 フリーター：その心理社会的意味』（分担執筆，至文堂），『リスク・マネジメントの心理学』（分担執筆，新曜社），主論文「大学生の就職活動における情報探索行動：情報媒体の機能に関する検討」（堀洋元と共著，社会心理学研究2004, 20, 93-105）。

索　引

◆た行

◆な行

◆ら行

◆わ行

引用文献

Athey, T. R., & Hautaluoma, J. E., 1994. Effects of applicant overeducation, job status, and job gender stereotype on employment decisions. *Journal of Social Psychology, 134*(4), 439-452.

Blanchard, C. A. , & Lichtenberg, J. W., 2003. Compromise in career decision making: A test of Gottfredson's theory. *Journal of Vocational Behavior, 62*, 250-271.

Carson, A. D., 1992. On occupationism. *The Counseling Psychologist, 20*, 490-508.

Cohen, C. E., 1981. Person categories and social perception: Testing some boundaries of the framework for behavior perception. *Journal of Personality and Social Psychology, 40*, 441-452.

Croxton, J. S., VanRensselaer, B. A., Dutton, D. L., & Eliss, J. W., 1989. Mediating effect of prestige on occupational stereotypes. *Psychological Reports, 64*, 723-732.

Etaugh, C., & Poertner, P., 1991. Effects of occupational prestige, employment status, and marital status on perceptions of mothers. *Sex Roles, 24*, 345-353.

元治恵子・都築一治, 1998. 「職業評定の比較分析－威信スコアの性差と調査時点間の差異」都築一治編『職業評価の構造と職業威信スコア』1995年ＳＳＭ調査研究会, 45-68.

Glick, P., Wilk, K., & Perreault, M., 1995. Images of occupations: components of gender and status in occupational stereotypes. *Sex Role, 32*, 565-582.

Glick, P., 1991. Trait-based and sex-based discrimination in occupational prestige, occupational salary, and hiring. *Sex Roles, 25*, 351-378.

Gottfredson, L. S., 1981. Circumscription and compromise: A developmental theory of occupational goals. *Journal of Counseling Psychology, 28*, 545-580.

Gottfredson, L. S., 1996. Gottfregson's theory of circumscription and compro-

mise. In D. Brown, L. Brooks, & Associates (Eds.), *Career choice and development* (pp.179-232). San Francisco, CA: Jossey-Bass Publishers.

Hackhausen, J., & Tomasik, M. J., 2002. Get apprenticeship before school is out: How German adolescents adjust vocational aspirations when getting close to a developmental deadline. *Journal of Vocational Behavior, 60*, 199-219.

原純輔, 1999.「労働市場の変化と職業威信スコア」『日本労働研究雑誌』*472*, 日本労働研究機構, 26-35.

上瀬由美子・宮本聡介・鎌田晶子・岡本浩一, 2003.「組織における違反の現状」『社会技術研究論文集』*1*, 218-227.

Kanekar, S., Kolsawalla, M. B., & Nazareth, T., 1989. Occupational prestige as a function of occupant's gender. *Journal of Applied Social Psychology, 19*, 681-688.

Kanekar, S., 1990. Professional prestige as a function of discipline and gender. *Journal of Applied Social Psychology, 20*(12), 1026-1032.

河合塾ライセンススクール, 2004.『2004年版めざせ！ 消防官』日本能率協会マネジメントセンター, 6-17.

近藤勉・鎌田次郎, 1998.「現代大学生の生きがい感とスケール作成」『健康心理学研究』*11*, 73-82.

Krumboltz, J. D. 1991, The 1990 Leona Tyler Award Address: Brilliant insights -Platitudes that bear repeting. *The Counseling Psychologist, 19*, 298-315.

Krumboltz, J. D., 1992. The Dangers of occupationism. *The Counseling Psychologist, 20*, 511-518.

Leung, S. A., & Plake, B. S., 1990. A choice dilemma approach for examining the relative importance of sex type and prestige preferences in the process of career choice compromaise. *Journal of Counseling Psychology, 37*(4), 399-406.

間淵領吾, 1998.「職業カテゴリーによる日本人の職業の序列付け－「職業に貴賤なし」意識の現在」都築一治編『職業評価の構造と職業威信スコア』1995年ＳＳＭ調査研究会, 153-180.

松下由美子・木村周・下村英雄, 2002.「看護職者の快適職場－快適職場づくりのために」『産業カウンセリング研究』*5*(1), 10-19.

直井優, 1979.「職業的地位尺度の構成」富永健一編『日本の階層構造』東京

大学出版会, 434-472.
尾高邦雄, 1970.『職業の倫理』中央公論社.
岡本浩一・鎌田晶子, 2006.『属人思考の心理学』新曜社.
Organ, D. W., 1988. *Organizational citizenship behavior:The good soldier syndrome*. Lexington Books.
Shils, E., 1968. Deference. In Jackson, J. A. (Ed.), *Social Stratification*. Cambridge: Cambridge University Press.
下村英雄, 2005.「プロスポーツ選手と子どもの職業認知」『日本労働研究雑誌』*537*, 70-72.
下村英雄・木村周, 2000.「労働者の職場適応感に関する研究」『日本産業カウンセリング学会第５回大会発表論文集』122-125.
田尾雅夫, 1997.『「会社人間」の研究』京都大学学術出版会.
田中堅一郎, 2004.「従業員が自発的に働く職場をめざすために―組織市民行動と文脈的業績に関する心理学的研究』ナカニシヤ出版.
太郎丸博,　1998.「職業威信と社会階層－半順序関係としての社会階層」都築一治編『職業評価の構造と職業威信スコア』1995年ＳＳＭ調査研究会, 1-15.
都築一治編,　1998.『職業評価の構造と職業威信スコア』1995年ＳＳＭ調査シリーズ５, 1995年ＳＳＭ調査研究会.
Treiman, D. J., 1977. *Occupational prestige in comparative perspective*. NY: Academic Press.
矢原隆行, 1998. 「社会的地位尺度としての職業威信スコア再考－職業評価における非一貫性について」都築一治編『職業評価の構造と職業威信スコア』1995年ＳＳＭ調査研究会, 87-10.